경영은
교과서가
아니다

김기배 저

당신을 무너뜨리려는 끊임없는 도전을 이겨내라.
어려운 상황을 딛고 일어나라.
쓰러지면 다시 일어나라.
또 쓰러지면, 또다시 일어나라.
때로는 일어나기가 힘들겠지만, 그래도 일어나라.
태만하고, 흔들리고, 흐지부지하게 군다면
당연히 바라는 바를 이루지 못한다.
실망과 장애와 좌절과 불평들을 만나더라도,
끈기 있게 밀고 나가라.

- 어느 CEO의 경영 노트에서 -

추천사

들꽃처럼 아름다운 철(鐵)의 여인을 만나다

들꽃처럼 아름다운 철의 여인을 만났다. 저자가 대단한 이유는 가정과 사업을 모두 챙겨야 하는 여성기업인이지만 그 누구보다도 뜨거운 열정과 도전정신을 가지고 있기 때문이다.

경영의 해답을 교과서에서 찾을 수 없다는 저자의 말처럼, 저성장의 돌파구도 혁신성장의 해법도 기업 현장에서 찾아야 한다는 점은 너무나도 분명하다. 일상이 정글 같은 비즈니스 현장에서 불타는 투혼을 발휘하면서 느낀 교훈, 도전과 깨달음이 느껴지는 책이다.

저자의 치열한 삶과 굳은 의지에 아낌없는 격려를 보내고 싶다. 살아있는 경영의 지혜를 얻고 싶은 모든 분들께 저자의 용광로처럼 뜨거운 에너지가 전해지길 바란다.

前 기획재정부 장관 **윤 증 현**

추천사

비전을 가지고 행동하면 기적이 일어난다

비전을 가지고 행동하면 기적이 일어난다는 말이 있다. 한 기업을 책임지는 리더라면 기업이 가야 할 확고한 비전과 가슴 뜨거운 열정을 품고 있어야 한다고 생각한다.

여성기업인들의 모임인 IBK 여성경영자클럽을 통해 "철강왕 카네기"를 꿈꾸는 저자를 가끔 만난다. 남성들도 쉽지 않은 철강회사를 경영하는 저자가 매력적인 이유는 만날때마다 긍정의 에너지가 넘치기 때문이다.

지독하리만큼 열정적이면서도 당차게 미래를 준비해나가는 모습을 볼 때마다 나 자신도 삶의 에너지를 새롭게 충전하곤 한다.

"기업은 오케스트라와 같다" 라는 경영철학으로 직원들과 동고동락하며 위대한 기업을 넘어 사랑받는 기업으로 거듭나고자 하는 저자에게 아낌없는 응원의 박수를 보내고 싶다.

IBK기업은행 은행장 **김 도 진**

추천사

성공은 긍정적이고 낙천적인 사람에게
신이 주는 선물이라고 한다.

가까이서 지켜본 저자는 무한 긍정의 아이콘이며 진정 자신의 삶을 즐길 줄 아는 사람이다. 그 어느 누구보다도 신나게 일할 줄 아는 사람이다.

저자가 쓴 글을 읽어보니 평소의 신념과 간절함이 묻어난다. 직원들과 함께 지혜를 모은다면

그 어떤 난관도 헤쳐나갈 수 있다는 저자의 뚝심 리더십은

오늘날 리더들이 새겨야 할 중요한 덕목이라고 생각한다.

저자의 아름다운 도전과 열정이

밀알이 되어 큰 결실을

맺을 수 있을 것이라 확신한다"

(주)코베아 회장 **강혜근**

책을 펴내며...

“부드러운 카리스마로 카네기를 꿈꾼다”라는 제목으로 경영에세이를 낸지 벌써 8년의 세월이 흘렀다. 세월이 유수와 같다더니 실감이 된다. 회사를 경영한지 20년이 흘러도 여전히 좋은 경영자의 모습에 대하여 의구심을 가지게 된다. 정말 세상살이가 교과서처럼 되지도 않고, 정답이 없다.

경영 역시 교과서대로 되지 않는다. 너무나 많은 변수가 발생하여 애를 먹는다. 좋은 경영자가 되고 싶어도 쉽지가 않다. 당연히 대표로서 경영자로서 견뎌내야 할 일들이라도 힘이 든다. 중소기업의 경영자라는 현실 자체가 또 하나의 부담이다.

8년 전 책을 냈을 때 많은 분들이 격려해줬다. 작가도 아니고 직업이 기업인이니 글 쓰는 것이 쉽지는 않다. 그래도 틈틈이 글을 쓰다 보니 제법 된다. 먼저 낸 글도 읽어보려는 사람들이 있고 하여 이전 글과 새 글을 보았다.

경영체험기이고 일기이고 느낌이다. 글재주가 없어 부족한 것이 많다. 그러나 미래를 꿈꾸는 젊은이들에게 조금이라도 도움이 되고, 나 자신을 돌아보는 계기로 삼고자, 겸허한 마음으로 책을 낸다.

2019년 4월

차 례

1부 기업은 오케스트라다

2부 경영의 길을 묻다

차 례

3부 자기혁신으로 승부하라

4부 우아한 경영은 없다

경영은 **교과서**가 아니다

1부

기업은 오케스트라다

위대한 그룹을 만들기 위해 리더가 할 수 있는
최선의 일은 각각의 구성원들이
스스로의 위대함에 눈뜨게 하는 것이다.

– 워렌 베니스

미래의 CEO를 위하여

우리의 삶은 순간순간의 의사 결정, 즉 선택의 연속이다. 우리는 매 순간 선택을 강요받고 있다. 심지어는 간단한 점심 식사 메뉴까지도 무엇을 먹을 것인가를 상황에 맞춰 날마다 선택하고 결정해야 하지 않는가.

더구나 모든 것이 급박하게 돌아가는 무한 경쟁 사회에서는 순간의 선택이 평생을 좌우하는 경우가 적지 않다.

따라서 우리는 남보다 신속하고 정확하게 결정하기 위하여 노력하고 공부하지 않으면 안 된다. 기회가 늘 우리를 기다려 주지 않기 때문이다.

혹시 최고경영자를 꿈꾸는 젊은이들이라면 더더욱 순간순간의 의사 결정이 자신과 자신이 운영해 나갈 기업에 얼마나 큰 영향을 미치는지를 잘 알고 대비해야 한다.

나의 경험에 의하면 다른 사람이 경영하는 회사를 다닐 때도, 창업을 한 이후에도 의사 결정의 연속이었다.

하지만 분명한 것은, 아무리 급박하게 의사 결정을 해야 하는 순간이 오더라도 결정하기 전에 몇 가지 원칙을 고수해야 한다는 것이다.

특히 미래에 기업 경영을 꿈꾸는 젊은이라면, 지금부터라도 자신이 하는 모든 선택의 순간에 이 원칙만큼은 지키는 훈련을 하라고 권하고 싶다.

첫째, 매우 신속하게 의사 결정을 해야 하는 일이라 하더라도 순간적으로 결정하지 말고 그 문제에 대해 반드시 깊이 생각하는 시간을 가져야 한다는 것이다.

아무리 신속히 결정해야 하는 일이라 하더라도 몇 시간 정도의 여유는 있게 마련이다. 이때, 당황하지 말고 최선을 다해 선택의 결과를 미리 상상해 본 다음 최선의 선택을 하라는 것이다.

해답이 빨리 생각나지 않으면 조언이 가능한 주변의 인물을 생각해 보라. 두 사람이 힘을 모으는 것이 혼자서 끙끙대는 것보다 나은 경우가 많을 뿐만 아니라, 그렇게 의논하다 보면 아주 쉽게 정답을 얻을 수도 있기 때문이다.

다음으로, 시간이 촉박하지는 않지만 중요한 사안일 경우에는 장기적인 관점에서 점검하고 검토하는 습관을 가져야 한다.

단지 1년 정도의 미래만을 고집해서는 성공할 수 없다. 적어도 5년, 많게는 10년 정도의 미래를 내다보고 의사 결정을 하는 훈련을 해야 한다.

또한 그러한 결정은 혼자서 하는 것이 아니므로, 상대와의 관계를 정확하게 파악한 후 해야 한다는 사실을 잊지 말아야 한다.

그리고 아무리 신속하게 결정해야 하는 사안이라도 중요한 결정을 할 때는 반드시 결정의 결과가 불리하게 나타나는 경우를 가정하여

어떤 일을 함에있어 자신이 현재 추구하는 방법보다
더 좋은 방법이 항상 있을 수 있다는 열린 마음을 가져라.
그리고 더 좋은 방법을 끊임없이 찾도록 하라

- 브라이언 트레이시

의사 결정에 반영해야 한다.

이때 비관적인 전망도 금물이지만 지나치게 낙관적인 전망도 경계해야 한다.

선택의 마지막 순간까지 최선을 다하여 후회하지 않는 결과를 이끌어내는 것이 CEO의 역할이기 때문이다.

기업은 오케스트라다

경영자가 하는 주된 일은 기업을 관리하는 것이다. 그렇다면 기업이란 도대체 무엇일까?

아마도 이 질문에 가장 우선하는 대답은 이윤 추구를 위해 경제활동을 영위하는 조직체라는 것일 게다. 그러니까 그냥 돈 버는 곳이라고 대답하면 된다는 뜻이다. 실제가 그렇다. 요즘은 공기업들도 돈 버는 데 혈안이 되어 있으니 더더욱 정답이라 할 수 있지 않겠는가.

그런데 나는 가끔 이 질문에 선뜻 대답하지 못할 때가 있다. 기업이 그냥 돈만 버는 곳이라면 너무나 막연하고 삭막하다. 물론 돈 버는 데만 열중하는 기업도 있다. 그러나 기업이 돈만 버는 곳이라고 하기에는 경영자와 종업원, 관련 기관과 소비자 등 온 세상 사람들의 삶이 실타래처럼 복잡하게 엉켜 있지 않은가. 때로는 그 실타래를 쳐다보는 것조차 버겁고 피곤할 정도로 말이다.

예전에 어떤 사원이 갑자기 회사를 그만두겠다고 했다. 회사에 필요한 사람이라 만류했는데 듣지 않았다. 얼마 후 소문을 들으니 경쟁사에서 일을 한다고 했다. 황당했다. 봉급도 더 많고, 비전도 있는 회사를 그만두고 왜 하필 경쟁회사로 갔을까?

이 일로 얼마 동안 골머리를 앓았다. 갑자기 사람이 그만두니 적임자를 구하는 것이 쉽지 않아서이기도 했지만, 경쟁사로 갔다는 충격에 마음이 혼란스러웠기 때문이다. 뒤에 알고 보니 회사 일을 잘못 처리하여 책임질 일이 두려워서 미리 사표를 낸 것이었다.

그가 잘못한 일을 수습하는 데 족히 몇 달이 걸렸다. 사원을 뽑을 때 관상부터 본다는 어느 재벌회사의 회장님 마음을 조금은 알 것 같았다. 그리고 이때 이후로 기업이 돈 버는 곳이라는 생각은 완전히 바뀌었다.

회사라는 것은 도대체 무엇인가? 기업이 무엇인지, 무엇을 해야 하는 것인지에 대해서는 경영학 교과서를 보면 수십 페이지에 걸쳐 설명하고 있다.

하지만 나는 기업은 돈 버는 곳이 아니라 오케스트라와 같은 것이라고 생각한다. 그 안에 있는 모든 것은 제각각 다른 소리를 내고 있으며, 언제든 엉뚱한 소리가 튀어나와 전체를 망칠 수도 있으니까 말이다. 이렇듯 사원 하나가 한눈을 팔면 조직 자체가 휘청거리기도 하는 연약한 조직이지만, 반면 아름다운 연주로 세상을 감동시킬 수도 있는 살아 있는 생명체가 기업이란 생각이 든다.

때문에 경영자는 오케스트라의 지휘자처럼 늘 서서 휘청거리면서 온 신경을 써야 한다. 창문 밖은 벌써 어둠이 가득하다.

진정한 경영자는 자주 눈을 마주침으로써 경영을 한다.

– 로버트 타운센드

경영자의 성공 조건

경영자의 성공 여부는 그가 경영하는 기업을 보고 평가한다. 기업의 자본 규모나 매출액, 종업원의 수, 순이익 같은 것들이 겉으로 기업을 판단하는 요소가 된다.

좀 더 깊이 있게 보려면 총자본에서 자기자본이 차지하는 정도(자기자본 비율)나 유동자산을 유동부채로 나누었을 때의 비율(유동 비율), 자기자본 이익률, 당좌 비율 등도 고려하게 된다.

더 나아가 종업원들의 사기나 노사 관계, 경영자의 이념, 기업의 이미지, 지분(주식)의 분산 정도를 고려 대상으로 삼는다고 할까…….

기업을 제대로 평가하기 위해서는, 그야말로 수백 수천 가지의 요소를 분석해야 하는 것이다.

그런데 성공한 경영자를 보면, 몇 가지 공통된 특성이 있음을 알 수 있다. 피부에 닿을 만큼 중요한 일이라고 여겨져서인지, 거듭 언급하고 있는 나 자신을 발견하게 된다.

성공하는 경영자는 엄청나게 추진력이 강하다. 말로만 하는 것이 아니라, 일단 결정하고 나면 무섭게 밀어붙인다. 주변의 경영자들을 보면 거의 미친 듯이 움직인다. 도무지 말릴 엄두를 낼 수 없다.

성공하는 경영자는 환경 변화에 민감하게 반응한다. 거의 본능적이라고 할 정도로 빠르게 대처한다. 어찌 보면 민감하게 반응하는 것이 아니라 한발 앞서서 나아가고 있는 느낌이 든다.

사업은 단순한 일이 아니다 온 마음을 다해 참여해야하는 것이다

– 마이클 E. 거버

성공하는 경영자는 직원들을 다루는 데도 귀신이다. 긍정적으로 말하면 인사관리에 능할 뿐 아니라, 카리스마가 빛을 발한다. 부정적으로 말한다면 천재적인 사기꾼이라고나 할까. 아무튼 직원들이 거의 물불을 가리지 않고 도와준다.

성공하는 경영자는 솔선수범한다. 언제든지 어려운 일에는 직접 나서서 해결하는 해결사가 된다.

성공하는 경영자에게는 다 이유가 있다. 남이 보기에는 운이 좋은 것 같기도 하지만, 기업 경영을 함에 있어 운이라는 것은 1%도 되지 않는다. 밤잠을 자지 않고 회사 경영에 매달렸기 때문에 성공이란 결과를 얻는 것이다.

목숨 걸고 이루어 놓은 결과를 두고 운이 좋다고 한다면, 그것은 섭섭할 일이나. 운이라는 것은 노력하는 사람이 쉬어 가는, 노력하는 사람 누구에게나 찾아오는 잠깐의 휴식 시간일 뿐이기 때문이다.

최고경영자의 첫 번째 덕목

기업을 경영하는 최고경영자에게 가장 필요한 것은 무엇일까? 아마도 리더십(Leadership)일 것이다.

기업에 있어서의 리더십이란 말 그대로 기업 목표를 위해서 직원들이 노력하도록, 직원들의 행동에 영향을 줄 수 있는 경영자의 행동을 의미한다.

여러 가지 형태의 리더십이 존재하지만, 그중에서도 민주적인 리더십이 직원들에게는 호평을 받는다. 물론, 개중에는 '최고경영자는 카리스마(Charisma)가 있어야 한다'고 말하는 사람들도 적잖게 있다.

카리스마란 원래 종교 지도자가 갖추고 있는 경이로운 속성이나 마력적인 힘, 또는 사람을 강하게 끌어당기는 인격적인 특성을 말한다. 원래의 뜻대로라면 예수나 나폴레옹처럼 비범한 인물들을 가리켜 카리스마적이라고 할 수 있는데, 요즘에는 사람을 끌어당기는 힘이 강한 사람을 두고 카리스마적이라고도 한다.

하지만 카리스마라는 말에는 왠지 독재적인 지도자, 맹종하는 추종자를 거느린 지도자라는 느낌이 묻어 있는 것 같아 거부감이 드는 것도 사실이다.

민주적이거나 카리스마적이거나 간에, 경영자에게는 직원들이 믿고 따르게 하는 리더십이 절대 필요하다는 것을 부인할 수 없다.

만일 성공에 중요한 열쇠가 있다고 한다면 그것은 권한의 위임이다.
찾을 수 있는 한 가장 좋은 사람을 고용하고 능력에 맞게 대우하며,
그들을 신뢰해야한다.

– 믹 미드

경영자는 회사의 목표를 달성하기 위해서 때로는 직원들의 말에 귀를 기울이며 친하게도 지내지만, 어떤 때는 결정했던 회사 방침을 철회하기도 한다. 봉급 인상을 단행하기도 하지만, 감원을 하기도 한다. 때로는 재발할 실수를 방지하기 위해 엄중하게 문책도 한다.

같은 종류의 실수라도 그때그때 상황에 따라 칭찬도 하고 문책도 하면서 융통성 있게 대처한다. 임기응변인 것처럼 보일 수도 있지만 목표는 하나다. 바로 회사의 생존과 성장이 목표인 것이다.

사실 민주적 리더십이나 카리스마적 리더십을 교과서대로 실행하는 것은 쉽지 않다. 민주적인 것이 카리스마적일 수도 있고, 카리스마적인 것이 민주적일 수도 있기 때문이다.

다만 이러한 리더십의 공통점은 믿음이 아닐까 싶다. 직원들이 사장을 믿어야만 따를 수 있는 것이고, 많은 직원들이 따른다는 것은 민주적인 경영의 결과일 테니 말이다. 그리고 이것이야말로 진정한 카리스마가 아닐까 한다.

결론적으로, 리더십이 있는 최고경영자의 첫 번째 덕목은 '믿음'이라고 생각한다.

악어와 악어새

악어와 악어새의 관계를 공생이라고 한다. 아마존이나 나일 강에 가면 볼 수 있다는데, 악어새는 악어의 입속을 들락거리며 해충과 먹이 찌꺼기를 먹고 산다. 악어의 입속을 청소해 주고 먹이를 확보하는데, 그나마도 악어가 입을 다물면 끝장나는 것이다.

인간 사회에서도 이런 모습을 많이 볼 수 있다. 이런 관계를 묘사한 영화도 있다. 악덕 공무원과 업자, 질 나쁜 경찰과 깡패……. 그런데 사실 공생의 본질은 상생이 아닌가? 사회에 해악을 끼치지 않으면서 좋은 방향으로 공생할 수는 없는 것일까?

가끔, 대기업과 중소기업이 바로 악어와 악어새가 아닌가 하고 상상해 본다. 지나친 표현인지 모르지만 우리나라의 현실은 상생의 악어와 악어새가 아니라, 악어인 대기업이 악어새인 중소기업을 잡아먹어 버리는 경우가 비일비재하다.

중소기업에 대한 대기업의 횡포야 어제 오늘의 일이 아니다. 말이야 바른말로, 중소기업이 가진 게 뭐 있나. 종업원, 자본, 기술, 판로 등 모든 면이 대기업보다 열악하다는 것은 삼척동자도 아는 일 아닌가. 하지만 현실은 어떠한가?

중소기업을 육성한다고 헌법에도 나와 있고, 중소기업의 이름을 붙이고 나선 지원 기관도 적지 않다. 뿐만 아니라 중소기업이 잘돼야 나라 경제가 잘된다고 허구한 날 외쳐댄다. 그러나 경기가 조금만 위

소기업이나 '포천' 500 대 기업이나 문제점은 똑같다.
- 엘렌 라니카

축되어도 죽어나는 것은 중소기업이지 않은가. 주변에서 자살하는 중소기업 경영자도 더러 봤고, 부도난 회사는 부지기수다.

악어보고 봐달라고 했다가는 그나마 먹을거리도 언제 날아갈지 모른다. 인간 세상도 약육강식이란 것은 알지만, 그래도 동물의 세계에서는 배부르면 더 이상 사냥을 하지 않을 뿐 아니라, 재미로 죽이지도 않는다던데……. 악어는 얼마나 의젓한가? 입을 쩌억 벌리고 자기 입 안에서 새가 왔다 갔다 해도 모른 척하면서, 자기가 하지 못하는 일을 해주는 대가로 먹이를 주고 있지 않은가.

중소기업의 존재 이유도 분명히 있다. 수요가 잡다한 것은 대규모로 생산하기보다는 중소 규모로 생산하는 것이 수익성이 높다. 뿐만 아니라, 물자나 서비스의 생산에 고도의 기술이나 시설이 필요하지 않은 분야는 오히려 중소기업이 유리하다는 것을 인정해야 한다.

악어는 악어새가 없으면 어떻게 될까? 아마도 악어의 입이 해충과 음식 찌꺼기로 오염되어 수명이 단축되지 않을까?

자연의 섭리를 거슬리면 재앙이 온다던데, 대기업이 중소기업을 상생의 파트너로 인정하지 않아 이렇게 경제가 어려운 건 아닌지.

중소기업의 미래 경쟁력

‘중소기업의 발전은 중소기업 정책과 밀접한 관계를 가지고 있다.

60년대 중소기업 정책은 대기업 중심의 공업화 정책과 수출 지향 산업 정책에 밀려 상대적으로 소홀히 다루어졌었다.

그러다가 70년대에는 중화학 공업, 부품 및 소재 산업에 중소기업의 참여가 늘어나면서 정책적으로 중요한 위치를 점하게 되었다.

80년대에 들어서면서 고도성장 과정에서 추진된 대기업 위주의 경제 정책이 구조적인 문제를 야기하자, 이를 시정하기 위해 중소기업 육성책을 본격적으로 내놓기 시작했다.

90년대 이후에는 이 같은 정책 기조가 유지되었다.’

일전에 한 세미나에서 발표된 글을 메모한 것이다.

중소기업청의 홈페이지에 들어가면 정말로 우리나라도 이제 중소기업을 제대로 육성한다는 생각이 들 정도로 방대한 자료가 축적되어 있다. 각종 조사 통계는 물론이요, 지원 정책도 참으로 다양하다.

그런데도 지난번 텔레비전에 나온 중소기업인들은 이구동성으로, 중소기업의 지원 정책이 별 실효성이 없다고 아우성이었다. 겉으로 보기에 잘나가는 중소기업의 경영자들처럼 보였는데 말이다.

90년대 이후 20년이 지났는데도 여전히 대기업에 종속되어 제 기능을 하지 못하는 중소기업이 부지기수이다.

선진국이 되면 나아지겠지 하는 희망을 가져봤지만, 시간이 지나

성공의 비결은 어떤 직업을 가지고 있든간에
그 분야에서 제 1 인자가 되려고 하는데 있다.
– 앤드류 카네기

도 달라진 것이 거의 없다.

1996년에 OECD 정회원국이 되자 괜찮아지겠지 했는데, 국가 경제 부도 사태로 이어졌다는 기억이 새삼 떠올랐다.

우리나라에 비하면 모든 것을 장기적으로 관리하는 일본은 좀 나은 것 같다. 그들은 건설 폐기물조차도 재활용하려고 달려든다. 지금 당장은 많은 돈이 들어 힘들지만 언젠가는 지구의 환경을 보호하고 자원을 절약하는 경영 아이템이 세계 경제를 주름잡을 것을 내다보는 것 같다.

그 나라는 중소기업도 잘 육성되어 있다. 기술로 승부하고 신용으로 승부한다. 또한 원칙을 잘 지키는 기업이 성공할 수 있는 사회 분위기가 형성되어 있는 느낌이다.

우리나라도 말로만 하는 정책적 지원이 아니라, 원칙에 충실하면서 창의적인 중소기업을 육성하는 정책을 수립해야만 미래 경쟁력이 길러지지 않을까 싶다.

이런 어려움이나 바람에 아무도 관심을 갖지 않는데, 혼자만 꾸는 꿈이 아니었으면 좋겠다.

중소기업 지원 정책에 대하여

작년부터 본격적으로 시작된 세계적인 경제 불황은 도무지 그 끝이 보이지 않는다.

전문가들이 현재의 불황을 제2차 세계대전 이후 처음이라고까지 얘기하는 것을 보면, 대기업에 비해 상대적으로 시장 경쟁력이 뒤지는 중소기업으로서는 장기 불황에 대한 적극적인 대비가 불가피해졌다.

늘 제기되는 것이지만 인력·자금·판로·기술 등 모든 면에서 부족한 중소기업이 극심한 경제 불황에서 버텨나간다는 것은 보통 문제가 아니다.

정부와 지방자치단체, 금융기관들이 중소기업의 자금난을 덜어주기 위해 팔을 걷어붙이고 나섰다지만 그 효과가 어느 정도일지는 미지수다.

경기도만 해도 중소기업에 대한 지원책을 내놓고 있는데, 그것이 자금·기술·마케팅으로 집중되고 있는 것 같다.

벤처기업의 육성을 위해서 500억 원의 자금이 지원된다고 하며, 장기 저리의 운전자금 융자 규모가 7천 800억 원에 달한다. 시설투자 자금, 신기술지원 자금, 여성창업 자금, 소상공인창업 자금, 창업초기 기업육성 자금, 신성장기반 자금, 긴급경영안정 자금, 사업전환자금, 중소기업자산유동화 지원, 중소기업신용보증지원 등도 있다. 또 자유무역협정(FTA) 체결로 피해를 보는 기업에게 지원도 해준다.

최고경영자는 기업 경영이 어려움에 처했을 때야말로
자신의 능력을 증명해내야 한다.
– 가이 가와사키

기술개발사업화 자금이나 신제품개발 지원도 있고, 기술 보증을 통해 담보력이 부족한 중소기업이 금융기관으로부터 원활하게 자금을 지원받도록 도와주는 제도도 있다.

이러한 중소기업지원 제도가 어려움에 처해 있는 많은 중소기업을 살릴 수 있다는 데는 이견이 없다. 그러나 사실 그 지원 내용을 자세히 살펴보면 웬만한 중소기업이 아니고서는 이러한 자금 지원을 받는 것이 쉽지 않다.

또 모든 지원이 제조업의 지원에 치우쳐 있어 과연 줄줄이 얽혀져서 돌아가는 업종간의 순환 고리를 제대로 이어줄지도 의문스럽다.

나라의 경제나 세계의 경제, 기업의 경제가 실타래처럼 이어져 있는 것인데, 특정 업종만 집중적으로 지원한다는 것은 기업 간의 균형을 깨뜨릴 뿐 아니라 불공정한 일이 아닐는지.

경제 정책 전문가는 아니지만, 좀 더 포괄적이면서 넓은 시각으로 중소기업을 바라보면 보다 비전이 있지 않을까 하는 생각이 떨쳐지지 않는다.

중소기업인의 소망

정부나 지방자치단체에서는 중소기업을 위한 많은 지원책을 마련하여 시행하고 있다. 21세기의 국가 경쟁력이 중소기업의 경쟁력을 키우는 데서 비롯된다고들 하니, 중소기업을 지원하는 정책이 홍수를 이루는 것은 당연하다.

그간에 중소기업은 농민들이나 저소득층처럼 사회적 약자로 취급되어 왔다. 대기업이나 재벌 기업과의 관계에서 볼 때 상대적으로 약자에 해당하기 때문에 그렇지 않은가 싶다.

그런데 중소기업을 경영하는 사람의 입장에서 보면 중소기업의 지원책이 이렇듯 많음에도 불구하고, 중소기업의 여건이 수십 년 전과 비교하여 여전히 달라진 것이 없다는 것이 오히려 신기하기만 하다.

중소기업의 지원 정책이 크게 잘못되었거나, 중소기업 스스로가 가진 태생적 한계를 극복하는 것이 어렵기 때문일 것이다. 그런데 아무래도 전자에 더 큰 문제가 있다는 생각이 지워지지 않는다.

과거는 물론이고 현시점에서도 중소기업들이 겪고 있는 구조적인 불합리를 정부에서 해결하지 않고는 어떠한 지원책이 나와도 중소기업이 경쟁력을 갖는 것은 쉽지 않다.

지방자치단체는 근본적으로 중소기업이 안고 있는 어려움을 해결할 힘이 없으니 나무랄 수가 없다. 중소기업이 처한 근본적인 문제는 대부분이 정부가 제시하는 기업 정책에서 기인하기 때문이다.

소망을 돈으로 전환시키는 데는 조직적인 노력이 필요하다.
당신 주위의 협력자들이 당신의 부를 축적하게 해 줄 것이다.
- 나폴레온 힐

정부의 모든 기업 정책은 거의 대부분이 대기업에 대한 지원이라고 봐도 무방하다. 대기업을 우선적으로 살리기 위해 모든 힘을 집중하기 때문에 그로 인해 파생되는 문제는 중소기업에 고스란히 전가된다.

이러한 문제를 해결하기 위해서 뒤늦게야 중소기업 지원책을 마련하는데, 처음부터 대기업 중심의 기업 정책을 펴지 않았다면 무수한 중소기업 지원책 중에 절반은 필요하지 않을지도 모른다.

대기업 중심의 정책 중 대표적인 것이 구조 조정이다. 이른바 '대마불패'라는 말도 여기서 생겨났다고 해도 과언이 아니다.

대기업이든 중소기업이든 경영에 실패하면 퇴출시키는 것이 바른 정책일 텐데, 대기업이 도산할 경우에 발생할 경제적·사회적·정치적 파장을 우려하여 중소기업부터 무더기로 정리하는 것이 관행처럼 되어 있다.

대기업과의 거래나 하도급 관계에서 벌어지는 불공정한 경쟁 상태만 해소해 줘도, 중소기업의 경쟁력은 정부 지원이 없는 상태에서도 급격히 향상될 수 있다고 생각한다.

병이 생겨 치료하는 것보다는 예방하는 것이 현명한 일이 아닐까.?

불황을 이기는 기업

요즘처럼 CEO에게 힘든 시기는 없는 것 같다. 2008년부터 본격적으로 추락하기 시작한 경기가 좀처럼 회복될 기미를 보이지 않으니 말이다. 어느 기업인이나 마찬가지겠지만 지금처럼 세계 경제 자체가 하강 곡선을 그리면 말 그대로 속수무책이다. 기업이 성장하다가 정체에 빠지면 헤어나기가 쉽지 않다고 하는데, 참으로 걱정이다.

세계적으로 유명한 〈포춘(fortune)〉지(誌)에 따르면, 지난 50년 동안 100대 기업에 든 500여 개의 기업 중 87%가 성장 정체를 경험했다고 한다. 일단 성장 정체를 겪으면 재도약을 하지 못할 확률이 매우 높아진다고 한다. 그러니 이래저래 불황은 경영자에게는 치명적인 위험의 시기인 것 같다.

어느 날, 기업의 성장이 멈추는 이유는 수십 수백 가지라고 한다. 최근과 같은 경기 침체는 당연히 기업의 성장을 멈추게 한다. 그것은 대기업도 예외가 아니다. 시장에서 우위에 있는 기업이 자만심에 빠질 때 성장이 멈춘다고 하니, 경계할 일이다.

기술 혁신에 실패하거나 주력 사업의 실패도 원인이 된다. 경쟁 업체가 저가로 공세를 취하거나 인재의 관리 실패, 기업 인수 합병의 실패도 원인으로 꼽힌다.

최고경영자가 계속적으로 기업을 성장하게 하는 것은 그야말로 신의 경지에 올라야 가능한 일인 듯싶다.

당신은 리더입니까? 누군가 따라오고 있는지 돌아보십시오.
이끌고 가고 있다고 생각하지만 아무도 따라 오지 않는다면
그것은 그냥 산책입니다.

- 앨리스 그레이

그런데 불황을 이기는 CEO들에게는 남다른 원칙이 있다고 한다. 〈이코노미스트〉에 소개된 원칙 몇 가지를 소개해 본다.

우선 불황에서도 흑자 경영을 하기 위해서는 이른바 '위기관리 경영'을 해야 한다는 것이다. 비상 경영, 시나리오 경영이라고도 하는데, 여러 가지 상황에서 신속하게 대처하는 시나리오 경영이야말로 불황을 이기는 기업의 전략이 된다. 또 현금 관리나 원가 절감 노력도 중요하지만, 미래 투자 즉 전략적 투자에도 노력을 기울여야 한다고 말한다.

나아가 불황을 이기는 경영자들의 공통점은 혁신을 주도한다는 것이다. 유연하고도 빠르게 혁신을 실행함으로써 기업의 경쟁력을 최고의 경지에 이르게 하여, 오히려 위기를 기회로 전환시키는 것이다.

이 밖에도 냉철한 현실 인식, 현장에서의 의사 결정, 직원과의 소통, 역발상(남과 다른 생각)으로 위기를 회사 성장의 동력으로 바꾼다.

현대자동차의 미국 시장에서의 10년 10만 마일 보증은 역발상의 전형적인 예라 할 수 있다.

오늘도 위기를 기회로 만들기 위해 동분서주하면서, 능력 있는 CEO들의 불황 극복 원칙을 흉내 내어 보려고 한다.

수익성보다는 안정성이다

우리나라 중소기업의 부실(financial distress) 원인은 여러 가지로 분석되고 있다. 조사기관이나 조사자에 따라서 그 원인이 다르게 설명되는 부분도 있지만, 대개의 경우는 대동소이하다.

거래 기업의 도산, 판매 대금 회수의 부진, 지나친 사채(私債) 차입, 기술력의 미약, 마케팅 부족, 대기업과의 경쟁력 부족 등이 공통적으로 지적되는 사항이다.

기업 부실은 기업의 총수익이 총비용에 미달하는 경우, 다시 말하면 기업의 평균 투자 수익률이 자본 조달 비용을 감당하지 못할 때 발생한다. 또한 기업의 유동성이 부족하여 만기가 된 채무를 상환할 수 없는 경우나 기업의 총부채 가치가 총자산 가치를 초과하여 실질 순자산 가치가 마이너스가 되는 경우에도 일어난다.

경제적 부실(economic failure)이건 지급불능(insolvency)이건, 그러한 상태는 기업이 법률적 파산 단계로 갈 수 있다는 것을 의미한다.

일반적으로 기업의 수익성이 저하되면 지급 능력이 저하되고, 이른바 부도가 날 가능성이 높아진다. 경기가 좋을 때는 수익성이 좋기 때문에 앞뒤 가리지 않고 여기저기서 자금을 끌어다가 투입하게 된다.

업종을 불문하고 거의 모든 경영자들이 사세(社勢)를 확장하기 위해 혈안이 된다. 매출액을 늘리기 위해 신규 자금의 차입이 불가피해

모든 승부에서 이길 수는 없다는 마작의 교훈을 비즈니스에 응용할 수 있다. 포기하는 것 또 한 용기가 필요한 훌륭한 결단이라는 점을 알아야한다.

– 다나오카 이치로

진다. 차입금 이자보다 훨씬 높은 수익률의 유혹을 물리치기가 쉽지 않기 때문이다. 뿐만 아니라 재고 확보를 위해서 설비 투자도 늘린다. 그 결과 기업의 성장성 지표, 즉 매출액 증가율이나 총자산 증가율이 높게 나타난다. 이것이 기업 부실의 함정이다.

물론 기업의 외형이 커진다는 것은 다른 기업에 비해 경쟁력을 가지고 있다는 것을 의미한다. 그러나 내실 없는 외형은 하루아침에 기업을 곤궁하게 만들 수도 있음을 명심해야 한다.

특히 인플레이션기의 명목 성장률은 물가를 반영한 실질적 성장률로 전환하여 검토해야 한다. 경기가 갑자기 나빠지는 경우에 대비한 최소한의 재무 유동성이 확보되지 않은 상태에서의 수익성 추구는 구명조끼 하나 없이 망망대해로 나가 고기를 잡는 것과 다름없다.

중소기업 부실의 원인은 여러 가지지만, 그래도 거래 기업의 도산으로 인해 손도 쓰지 못한 채 덩달아서 도산되는 것은 아무래도 자존심 상하는 일이다. 기술력이 부족해서, 판로가 없어서, 대기업과의 경쟁에서 지는 것은 명분이라도 있지 않은가.

중소기업은 수익성보다는 안정성이다. 욕심은 금물이다. 돌다리 두드리듯 늘 두드려 보고 행동해야 한다.

무노동·무임금 원칙

기업을 운영하다 보면 여러 가지 애로 사항이 많다. 그중에서도 직원들과 갈등이 생길 때가 가장 어렵게 느껴진다.

회사 일은 밀려서 마음이 급한데, 직원들은 너도나도 자기 편한 대로 주장을 하는 경우도 있기 때문이다.

경영자는 아무래도 전체적으로 회사를 살펴야 하므로 개개인이 갖고 있는 불만이 무엇인지 알면서도 챙기지 못할 때가 적지 않다. 그렇다고 일일이 회사 운영에 관해 해명할 수도 없는 노릇이다 보니 마음만 답답할 뿐이다.

조그만 회사는 비교적 가족처럼 지내는 분위기가 형성되어 웬만한 일은 서로가 이해하고 넘어가는 경우가 많지만, 아무리 서로를 이해한다고 해도 양보할 수 없는 일이 가끔은 일어난다.

가령, 회사에 대한 불만으로 일을 하지 않은 기간에도 급여를 지급하는 것은 문제가 있다고 생각한다. 우리 같은 회사야 이른바 노동조합이 있는 것도 아니어서 그나마 형편이 낫지만, 노조위원장이 되면 마치 사장과 동격인 것처럼 행세하는 회사도 여럿 보았다.

경영자건 노동자건 무노동·무임금의 원칙은 철저하게 지켜야 한다는 생각이 든다.

하지만 기업인이 정치에 관여하거나 정치인과 결탁하여 기업을 운영할 경우에 그 끝이 어떤지를 잘 알기에, 정신이 반듯한 기업인이라

명예를 바라고 일하는 사람은 자주 그 목적을 잃는다.
돈을 위하여 일하는 사람은 자기 영혼과 돈을 바꾼다.
일을 위하여 일하라 그러면 이것들은 당신을 따라 올 것이다.
– K, 콕스

면 대부분이 정치에 대해 말하려 들지 않는다.

그런데 문제는 기업을 키우려고 할 때, 우리나라의 기업 환경상 누군가가 정치적으로 밀지 않으면 힘들다는 얘기를 여기저기서 듣게 된다. 정말 그럴까? 소문만 그렇지, 실상은 그렇지 않기를 진심으로 바란다.

또한, 기업을 좌지우지한다는 정치인들의 대부분이 무노동 유임금의 수혜자라는 사실에 놀라지 않을 수 없다.

정치인의 대명사는 누가 뭐래도 국회의원이다. 그런데 헌법을 준수하고 국민의 자유와 복리를 증진한다는 국회의원 선서는 선서하는 날로 서랍 속으로 들어가는 경우가 많은 것 같다.

보도를 보니 18대 국회는 의원들의 임기가 개시된 지 82일이 지난 다음에야 원 구성을 마무리했다고 한다. 출석만 하고 회의는 참석하지 않는 일도 다반사며, 농성이나 몸싸움으로 소일하는 날도 부지기수라 한다. 기업이라면 벌써 도산했을 것이다.

오죽하면 무노동·무임금 원칙을 국회부터 지키라고 할까? 국회를 보면 기업의 앞날이 불안하기 그지없다.

지나친 갈등은 조직을 망친다

회사 조직 내에서 경영자의 에너지를 보상 없이 소진시키는 여러 비효율 요소 가운데 하나가 직원들 간의 갈등이 아닌가 싶다.

1930년대 초에 이미 메이요(Elton Mayo) 교수는 호오돈 실험(Hawthorne Experiment)에서 임금, 노동 시간 등의 노동 조건이나 조명, 환기 등의 작업 환경보다도 종업원들의 태도나 감정이 작업 능률을 좌우하는 데 더 중요하다고 주장한 바 있다.

그로부터 70년이 더 지난 지금도 여전히 그 주장은 설득력이 있어 보인다. 하지만 생산성에 절대적으로 영향을 미치는 직원들의 태도나 감정은 다양한 경로에 의해 자극을 받기 때문에 관리하는 것이 생각처럼 쉽지는 않다.

직원들이 보이는 여러 태도나 감정 중에서도 생산성에 가장 크게 영향을 미치는 심리 상황은 갈등이 아닌가 싶다. 물론 갈등이란 것이 직원들 간에 경쟁적 에너지를 주는 경우도 있지만, 대부분은 부정적으로 작용하므로 잘 관리해야 하는 요소라는 생각이 든다.

갈등은 개인이나 조직에 심한 스트레스를 줄 뿐 아니라 대인관계를 혼란스럽게 한다. 갈등이 첨예해지면 회사의 목표를 달성하는 데 엄청난 장애를 가져오고, 의사 결정도 할 수 없는 상황이 초래될 수도 있으므로 그냥 간과하고 넘어가서는 안 될 것이다.

갈등의 근본적인 원인은 생각의 차이에 있다. 개성이 다른 사람들

좋은 소식은 곧바로 상사에게 전달되는 데 반해,
나쁜 소식은 전달되는 속도가 늦다.
- L. D. 브라우닝

끼리 만나서 일을 하다 보면 잦은 충돌이 발생한다. 또 세대 차이나 남녀 차이가 갈등을 유발시키기도 하고, 교육 수준이나 종교가 달라도 갈등이 생긴다. 같은 내용으로 설명해도 직원들마다 받아들이는 감정이 달라서 생기기도 한다. 승진이나 직무, 권한, 급여에 의해서도 갈등이 생기고, 경영자와 직원간의 역할 차이에 의해서도 서로에게 불만이 존재한다.

그러나 경험상 대개의 갈등은 저절로 해소된다. 사람은 영민한 사회적 동물이기 때문에 스스로 알아서 해결해 나가는 경우가 많다. 그러나 스스로 해결되기를 바라면서 갈등 자체를 무시했을 경우, 자칫하면 그것이 걷잡을 수 없이 커질 가능성도 있으므로 주의해야 한다. 때로는 양보를 하는 것도 한 방법이 될 수 있다.

조화롭게 회사를 관리하려면 구성원의 주장에 귀를 기울여야 한다. 직원들의 말을 주의 깊게 들어 주는 것만으로도 갈등의 폭이 현저하게 줄어드는 경우도 적지 않다. 어쩌면 이 방법이 경영자가 취할 수 있는 최선의 방법일지도 모른다.

작은 갈등은 긍정적인 에너지로 작용하기도 하지만, 지나친 갈등은 회사를 망칠 수도 있으므로 경계해야 한다.

정도(正道)로 위기를 넘긴다

지난 90년대 말 유가가 오르고 달러가 오르고 경기가 침체되어 국가의 경제가 부도 상태에 이르렀던 때가 있었다. IMF로부터 구제 금융을 지원받던 시절이다.

그로부터 10년이 지나 또다시 나라의 경제가 어려워졌다. 물론 경제라는 것이 좋을 때도 있고 그렇지 않을 때도 있지만, 나라의 경제가 어려워지면 기업도 거의 치명적이 될 수밖에 없다.

기업들이 도산하고 실업자들이 거리를 메우던 때를 떠올리기도 싫지만, 2008년부터 급격하게 경기가 하락하여 나라의 경제가 다시 10여 년 전과 유사한 길을 걷는 것 같아 착잡하기 그지없다. 세계 경제 전체가 힘들다고 하니 어쩌면 그때보다도 더 심각한지 모르겠다.

주변에 도산한 기업이 수두룩하고 평소 알고 지내던 사장님들이 하루아침에 실업자의 대열에 합류하고 있으니, 요즘에는 잠도 제대로 잘 수가 없다.

회사의 직원들이 스스로 급여를 인하해 달라고 한다. 실직하는 것보다는 긴축하며 사는 것이 낫다고 생각하는 탓이리라. 월급을 제때 맞추느라 동분서주하다 보면 한 달이 금방 지나간다.

그런데 정말 힘든 시기를 견디고 있는 요즘이지만, 정도(正道)로써 위기를 극복할 수 있다는 점을 잊어서는 안 될 것 같다. 지난해 초에는 유가가 올라 힘들었고, 하반기에는 환율과 금융 문제로 어려웠었

불멸하는 성공기업은 고객과 함께하며, 고객과의 약속을 지키는 기업이다.
그러한 기업은 어떤 사람이 CEO로 앉아 있더라도 영속한다.
- 짐 콜린스

다. 그렇지만 다행히 KIKO를 피했고, 부도의 위기도 몇 차례 넘겼다. 특출 나게 경영을 잘해서라기보다는 평소의 기업 경영 소신을 지켰다는 데서 그 이유를 찾을 수 있을 것이다.

기업은 어떠한 경우에도 재무 유동성을 확보해야 한다. 경기가 좋다하여 돈이란 돈, 담보란 담보를 모두 동원하여 이익에만 몰두하다 보면 그 반대의 상황이 닥쳤을 때 기업은 즉시 손을 들 수밖에 없을지도 모른다.

경기가 좋을 때는 너도나도 돈을 빌려준다. 그리고 이럴 때 경영자는 앞을 다투어 기업을 확장하고 매출을 올리는 데 혈안이 된다. 어쩌면 이런 상황이 가장 위험한 시기가 아닌가 싶다.

기업의 경영자는 추진력도 있어야 하고, 투자의 승부처를 찾는 것도 중요하다. 그러나 그 모든 것에 앞서 돌다리도 짚어 보는 신중함을 가져야 한다고 생각한다.

기업 환경이 어려울수록 원칙에 충실한 경영, 정도 경영으로 위기를 넘겨야 하지 않겠는가.

전문 경영인이라면 회계를 알아야

대학원에서 강의를 들을 때나 요즘처럼 시장 상황이 어려울 때, 또는 국가가 부도 상태에 있었던 10년 전에 기업을 경영하는 사람들이 많이 들었던 충고가 있다.

'회사가 살아남기 위해서는 회사의 회계 시스템을 투명하게 하고 경영을 혁신하라'는 것이다.

기업을 운영해 보지 않은 사람에게는 그 말이 지극히 당연한 조언이고 충고가 될 것이다. 더구나 돈 관리를 잘하고 돈을 잘 벌려면 더 말할 나위가 없다.

경영 혁신의 기본이 회계 시스템을 정비하는 일이라는 것은 원칙적으로 맞는 말이다. 그런데 실제 기업의 현실에서는 교과서적인 거래나 사건이 발생되지 않기 때문에 그런 충고를 받아들이는 일이 말처럼 쉽지 않다.

나 하나가 투명하게 처리하여 모든 회계 기록이 투명해진다면 얼마나 좋겠는가? 하지만 회계라는 것을 조금이라도 아는 사람이라면, 회계라는 것이 모두가 투명하게 처리해야 투명해진다는 사실을 금방 알게 될 것이다.

언젠가 전 세계의 전문 경영인 중 40% 정도가 회계 전문가라는 기사를 본 적이 있다.

옛날과 달리 거래 종류가 많고 복잡해지다 보니, 대부분의 기업에

착각하지 말라. 부자가 되려면 돈 이상의 것이 필요하다.
– A. P. 가우데이

서는 회계 담당자를 두어 회사의 돈 관리를 하게 한다. 그러나 경영자 자신이 회계를 모르면 낫 놓고 기역자도 모르는 꼴이 될 수도 있으므로, 경영자라면 회계 관리를 할 줄 아는 것이 유리하다. 회계를 모르면, 경우에 따라서는 회계 담당자가 사장처럼 행세하는 경우를 당할 수도 있음을 명심해야 한다.

돈이 있는 곳에는 어디서나 돈 계산(회계)이 필요하다. 따라서 회계는 특정한 사람에게만 필요한 기술이나 지식이 아니라, 경제활동을 하는 모든 사람에게 필요한 기술이고 지식이다. 더구나 돈을 벌려고 하는 기업인이라면 두말할 나위가 없다. 만약 경영자가 회계를 모른다면, 그것만큼 답답한 일이 또 어디 있겠는가.

과거에는 전문 경영인이라고 하면, 전문적인 경영 이론을 배우고 경영 현장에서 일을 한 경력이 풍부하여 기업 전반을 컨트롤할 수 있는 사람을 일컫는 경우가 많았다. 하지만 최근에는 여기에다 회계에 관한 전문적인 지식을 가진 사람이라는 의미까지 보태지고 있는 것이 현실이다.

그만큼 회계가 중요한 역할을 하고 있다는 얘기일 것이다.

기업은 살아 움직이는 생명체

기업은 생명체와 같다. 당연한 것이다. 그 안에서 종업원들도 숨을 쉬고, 경영자도 숨을 쉰다. 돈을 빌려 준 사람, 투자한 사람도 그 안에서 움직인다.

기업을 하다 보면 많이 듣는 조언이 쉬어가며 하라거나, 너무 욕심을 부리지 말라거나, 그만하면 남부럽지 않은 회사이니 더 키우지 말라는 말이다. 하기야 마이너스 통장에, 회사 재산, 내 재산 가리지 않고 담보를 잡혀 회사를 운영하여 어느 정도 자리가 잡혀가면 그럴 수도 있겠다고 생각해 본다.

90년대 말 우리나라가 IMF의 지원을 받을 때 쓰러진 회사는 부지기수다. 10년이 지난 지금도 마찬가지다. 세계적으로 경기가 나쁜 상황이니 그때보다 더 위험하다. 일례로, KIKO로 입은 기업들의 손실이 2008년에 5조를 넘어섰다고 한다.

경기가 좋을 때야 남의 돈을 빌려 쓰는 것이 크게 문제되지 않지만, 반대의 경우 기업이 도산하는 것은 시간문제다. 기업이 도산하면 종업원도 큰일이고, 돈을 빌려준 사람이나 투자자 모두가 다치게 된다. 더더욱 소유 경영자의 경우는 다시 일어서기 힘들다. 그렇다고 남의 돈을 쓰지 않고 경영할 수 없는 것이 현실이니 참으로 고단하다.

상황이 이렇다 보니 쉬어가며 경영할 수가 없다. 항상 이자 상환에 시달리고, 투자자들의 마음을 살펴야 한다. 종업원들의 관리에도 신

문제를 해결하는 능력은 누구도 확실한 대답을 해줄 수 없다.
부딪히고 깨어지면서 본인의 노하우를 만들어 가야한다.
일어설 수 있을 때 확실히 넘어져 보는 것도 좋은 방법이다
- 쿠니시 요시히코

경을 써야 한다. 이런 일들은 기업이 생존해 있는 동안 끊임없이 반복된다. 마치 생명체가 생명이 다하는 순간까지 호흡을 멈출 수 없는 것처럼.

어느 해인가 나랏돈 좀 써 보려고 아는 분이 있어 부탁을 했었다. 다 그런 건 아니지만, 돈을 빌려 주는 기준이란 게 때로는 애매하기 짝이 없어 아무런 생각 없이 윗선에다 자연스럽게 부탁을 한 것이다.

서류란 서류는 다 갖추어 제출했는데, 담당자가 위에다 부탁한 걸 알고 난색을 표했다. 죽어도 해주지 못한다는 것이었다. 저간의 사정을 설명하고 사과를 했지만 최종적으로 불가 판정을 받았다. 담당자가 해주지 못한다고 하니, 자신만만하게 될 거라고 했던 윗분도 망신만 당한 셈이다.

이 사건은 나에게 돈을 빌리거나 빌려 주는 방법을 알게 해주었을 뿐만 아니라, 제때 돈을 회전시키지 못하는 것이 기업에 얼마나 크게 타격을 주는가를 여실히 깨닫게 해주었다. 또한 기업이라는 것이 키우려고 작정해서 크고, 키우지 않겠다고 마음먹어서 크지 않는 존재가 아니라는 사실도 알게 되었다.

기업은 살아 움직이는 생명체이니까…….

기업의 국제화에 대비하라

기업의 국제화는 세계 경제의 거대한 흐름으로, 이에 따른 국제 비즈니스의 유형은 여러 가지로 생각해 볼 수 있다.

국내 기업이 외국 기업과 단순히 기술을 공유하거나 제품이나 상품을 수출하는 경우는 국제 비즈니스의 초보적인 단계이다. 그러나 수출이나 기술 제휴, 현지에서의 생산 활동 등의 비중이 높아지면 해외에서의 사업이 독립적인 회계 시스템을 갖추게 되어 이른바 독립채산제가 진행된다.

기업의 국제화가 가속화되면서 그 범위가 넓어지면 다국적 기업(multinational enterprise)의 형태가 된다. 다국적 기업을 세계 기업(worldwide corporation)이라고도 하는데, 이런 기업들은 국가적인 장벽이나 정치적인 경계에 상관없이 기업 활동을 영위하므로 국내 활동과 국외 활동을 따로 구분할 필요가 없다.

다국적 기업은 세계 각국에 그 나라의 국적을 갖는 현지 법인이 설립되고, 그 규모도 매우 크다. 이 경우 해외사업부나 국제부는 존재의 의미가 없으며, 최고경영자의 국적도 무시된다.

이 외에도 국제 비즈니스가 발전하면서 기업 전체의 의사 결정에 관계하는 소유주 집단의 국적이 2개국 이상이 되는 초국적기업(transnational enterprise)이 출현했다. 아울러 국가의 연합, 조약에 의해 운영하는 초국가기업(supernational enterprise)의 출현도

과거에 머물러 있기를 고집하는 기업은 스스로 과거의 일부분이 될 것이다.

– 레스터 브라운

예상된다.

이와 같이 세상은 이제 국내에서만 우물 안 개구리처럼 움직이는 기업의 존재를 용납하지 않고 있으며, 대기업들의 국제 비즈니스가 가속화되면서 중소기업들도 국제 비즈니스에 눈을 돌리지 않을 수 없게 되었다.

대기업으로부터 원자재를 공급받아 판매하고 있는 중소기업들로서는 공급 받는 원자재가 국내 생산품만으로 부족할 경우, 부족분을 수입품으로 충당해야 하는 경우가 생겨 더더욱 그 필요성이 커지고 있다. 이래저래 경영자는 기업의 국제화에 대비할 수밖에 없다.

우리 회사는 회사 형편이 그리 넉넉하지는 않지만, 앞으로 해야 할 일이 적지 않다는 것을 절감한다. 국제 비즈니스에 필요한 직원들도 채용해야 하고, 동종 업종에 대한 해외의 동향도 파악해야 하며, 부족한 어학 공부도 해야 한다는 것을 말이다.

하지만 무엇보다도 절실한 것은, 세계 경제의 변화와 흐름을 외면하는 근시안적인 경영 방식에서 탈피하는 일일 것 같다.

변화를 두려워하는 경영자는 결코 국제 비즈니스에 적응할 수 없을 테니까.

전문가들이 보는 한국 경제의 문제

어느 나라나 시기만 다를 뿐이지 경제 성장의 과정을 비슷하게 밟는 것 같다. 미국을 비롯한 선진국들이 걸어왔던 길을 개발도상국들이나 후진국들이 그대로 답습한다는 말이다.

경제 성장의 과정에서 나타난 부익부 빈익빈의 빈부 격차 현상도 그렇고, 사회적으로 발생하는 여러 가지 문제도 마찬가지이다.

그것은 마치 아기가 태어나서 어른이 되기까지의 성장 과정에서 비슷한 생리적 현상과 감정적 굴곡을 겪는 것과 같아 보인다. 아무리 피하려고 해도 피할 수 없는 운명과도 같이.

기업도 마찬가지이다. 창업을 하고, 그래도 남들이 인정하는 규모 있는 회사로 성장하기까지의 과정에서 벌어지는 일들을 보면 많은 공통점이 있음을 알 수 있다.

회사의 자금 사정이 어려운 초기에는 은행 문이 닳도록 드나들어도 구하기 힘든 것이 자금이었는데, 이제는 자금을 가져다 쓰라고 여기저기서 연락들을 해온다.

기업만 그런 것이 아니고 국가 경제도 마찬가지인 것 같다. 나라 경제가 좀 돌아가면 외국 기업들에서도 투자를 하려고 뻔질나게 드나든다. 나라 경제가 힘들었던 시절에는 투자처를 구하러 다니느라 그렇게 힘들었는데 말이다.

그런데 국가의 경제가 본격적으로 선진국과의 관계에서 영향을 받

위대한 일을 성취하려면 행동뿐만 아니라 꿈을 꾸어야하며,
계획을 세우는 것뿐만 아니라 그것을 믿어야 한다.
- 아나톨 프랑스

기 시작하면서는, 싫어도 선진국의 경제 전문가들이 말하는 한국 경제의 문제점을 개선하지 않을 수가 없게 되었다. 그리고 그들이 지적하는 한국 경제의 본질적인 문제점은 기업에도 그대로 적용된다.

신문이나 여러 기관에서 내놓는 경제보고서 등을 읽다 보면 그들의 지적에도 공통점이 있는 것을 발견하게 된다.

한국 경제의 가장 큰 문제는 행동은 없고 이른바 탁상공론만 무성하다는 것이다. 국가 경쟁력이나 중소기업의 경쟁력을 내세우는 리더들의 모임과 구호들은 한없이 넘쳐나는데, 10년 전이나 지금이나 별로 달라진 게 없다는 것이다. 오죽하면 가만히 있으면 중간이라도 간다는 말이 나돌겠는가.

선진국의 경제 전문가들은 앞으로 한국 경제가 나아갈 방향, 즉 장기 비전부터 확실히 수립할 것을 주문하고 있다. 또 그러한 비전을 추구하는 과정에서 나타날 문제점을 해결하기 위한 방법도 연구하도록 권하고 있다.

하지만 정권만 바뀌면 비전이 바뀌니, 우리 같은 중소기업에서 무슨 비전을 세우겠는가? 외국 것이라면 사족을 못 쓰는데, 왜 그들의 조언은 무시하는지 도무지 알 수가 없다.

경영자의 브랜드

21세기를 표현하는 말 중에 '브랜드 시대'라는 것이 있다.

말 그대로 하면 상표(Brand) 시대이다. 무한경쟁 시대, 지식기반 사회, 세계화라는 용어만큼이나 자주 등장하는 단어이다.

국가 브랜드, 도시 브랜드, 기업 브랜드, 개인 브랜드라는 용어가 뉴스나 신문에 자주 오르내린다. '국가브랜드위원회'라는 것까지 있으니 더 이상 말할 것도 없다.

여기에서의 브랜드란 이름에 의해 기억되고 평가되는 이미지를 말한다.

그중에서 국가 브랜드는 특정 국가에 대해 가지고 있는 유형·무형의 총체적 기억과 평가에 의한 이미지라고도 할 수 있다.

기업 브랜드는 특정 기업에 대해 가지고 있는 소비자의 인식이나 기업의 사회적 활동 등이 모여 형성된 것을 말한다.

개인 브랜드는 개인이 가지고 있는 업무적 능력이나 개인적인 성품 등이 모여 형성되는 개념을 일컫는다.

그렇다면 현대 사회에서 '브랜드'가 주는 의미는 무엇일까?

과거의 기업들은 그저 품질 좋은 제품을 만들면 최고의 기업이 되었다. 따라서 기업의 가장 큰 자산은 기술력이었다.

그러나 브랜드 시대의 기업은 다르다. 기술력은 물론이고 기업의 사회적 책임(Social responsibility)도 다해야 한다. 즉 기업의 사회

'봉사자 (servant)'의 마음과 겸손함을 겸비할 때
비로소 진정한 리더십을 발휘할 수 있는 것이다.
겸손은 리더십의 초석이다!
- 존 G. 밀러

적 책임이 기업 평가의 한 요소로 자리하고 있으며, 이러한 현상은 국가나 개인에게도 적용되는 것이다.

'브랜드 시대'의 요체는 사회적 책임이며 봉사이다. 국가든 기업이든 개인이든 이러한 시대정신을 소홀히 다룬다면 브랜드 가치가 떨어질 수밖에 없다.

개인의 브랜드 가치와 기업의 브랜드 가치가 모여 국가 경제 브랜드 가치가 형성되는 것이라고 생각된다.

그렇다면 기업의 브랜드 가치는 어떻게 높일 수 있을까?

그것은 당연히 '경영자의 브랜드' 가치와 밀접하게 연관될 수밖에 없다.

경영자의 소비자에 대한 품격 높은 서비스 정신과 봉사에 대한 신념이 실현될 때, 기업에 소속되어 있는 모든 구성원들의 '개인 브랜드' 가치도 높아져 기업이 추구하는 목표가 실현될 수 있을 것이다.

소통하는 경영

21세기는 지식경제 시대라고 한다.

이러한 시대적 흐름은 기업 경영에 있어서도 창의력과 전문성이 더더욱 요구된다는 것을 의미한다.

그런데 이미 잘 알려져 상식에 가까운 얘기가 되었지만, 창의력과 전문성을 제고하기 위해서는 기업 내부의 지식과 정보의 소통이 원활해야 한다. 즉 기업의 경쟁력을 키우려면 기업 내부의 소통이 우선되어야 한다는 얘기다.

따라서 기업 내부의 원활한 소통을 위해 경영자와 직원, 경영자와 임원, 임원과 직원간의 지식과 정보의 교류는 물론 이해 증진이 도모될 수 있도록 시스템의 정비가 필요하지 않을까 싶다.

그러나 실제로는 기업이란 조직에서 정보와 지식을 공유하는 일이 말처럼 쉽지는 않은 것 같다.

지식경제 시대에는 정보와 지식이 곧 돈이자 힘이라는 인식이 어느새 자리 잡았다. 그러다 보니 당연히 남보다 더 뛰어난 정보력과 전문성을 가져야만 자리를 보전할 수 있다는 생각이 팽배해졌다.

그뿐 아니라 피라미드형으로 이루어져 있는 승진 구조나 작업 시스템도 부서간, 직원간의 경쟁심을 불러일으키는 요인이 될지언정 서로를 돕고 키우는 역할을 해주지는 못하고 있다.

계급의식이나 권위주의를 따로 거론하지 않더라도, 자신이 가진

나는 1인칭을 사용하는 것이 정말 싫다.
지금까지 내가 이룬 것은 다른 사람들이 있었기에 가능했다.
– 잭 웰치

지식과 정보를 남에게 준다는 것이 쉬운 일은 아닌 듯하다.

하지만 HP의 창업주인 빌 휴렛과 데이브 패커드가 시행한 'Open door 시스템' 같은 것은 기업 내부 구성원의 소통에 많은 도움이 된다고 생각한다.

이들은 직원들과 같은 방을 사용했는데, 단지 낮은 칸막이로 창업주와 직원들의 공간을 구분했을 뿐이다. 열린 공간 안에서 직원들과 함께 일한다는 사실만으로도 웬만한 문제는 해결 가능했다고 한다.

2008년에 330억 달러의 매출로 반도체 분야 세계 1위를 차지한 인텔의 본사에도 사장실이 없다고 한다. 마음을 열기 위해서 먼저 형식적인 벽을 허물어야 한다고 생각한 것 같다. 그리고 이러한 소통 전략은 기업을 엄청나게 성장시키는 원동력이 되었다고 한다.

넓은 사무실과 호화로운 집기들이 자신의 위치를 나타내고 권위를 상징한다고 생각하는 일부 CEO들이 받아들이기에 적잖게 힘든 일일지도 모르겠다.

하지만 지금이라도 기업의 경쟁력을 향상시키기 위한 소통의 방법으로 열린 공간 시스템의 도입을 고려해 보면 어떨까 싶다.

문어발식 경영

현실적으로 투자(Investment)와 투기(Speculation)를 구별한다는 것이 말처럼 쉽지 않다.

이익을 얻기 위해 주식이나 채권을 사거나 사업에 자금을 투하하는 일이 투자다. 기회를 틈타 큰 이익을 노리거나 시세 변동을 예상하여 차익을 얻고자 한다는 점에서는 투기와 본질적으로 다르지 않다. 다만 요행을 바라거나 극단의 모험적 심리가 작용하지 않는다는 점에서 투기와 분명히 구별되는 것이다.

투자와 투기는 행하는 사람의 마음가짐에 있는 것이므로 제3자의 행위에 대해 '투자다', '투기다'라고 단정하기 힘들다. 마찬가지로 기업의 사업 다각화와 문어발식 경영 역시 구별하는 것이 쉽지 않다.

사업 다각화라는 것은 사업 영역을 확장하는 작업이다. 자동차 회사가 부품 회사를 설립했다면 수직적 다각화요, 해상화물운송 회사가 여객선 부문으로 사업 영역을 넓히면 수평적 다각화가 이루어진 것이라고 볼 수 있다.

사업의 다각화는 어찌 보면 당연한 기업의 생존 전략에 해당한다. 기업 경영에 있어서 효율성이나 생산성을 높이기 위해 또는 더 나은 수익성을 실현하기 위해 사업 다각화는 보편화된 기업의 행동 양식이라 할 수 있는 것이다.

그런데 전자 회사가 금융업으로 진출하거나, 자동차 회사를 인수하

리더는 곧 책을 읽는 사람들이다.
- 앤서니 라빈스

는 등 전혀 상관없는 부문으로 영역을 확장하거나 중소기업의 영역까지 무한정 밀고 들어간다면, 우리는 그것을 문어발식 경영이라고 말하고 투자보다는 투기라는 입장으로 받아들여 비난을 하게 된다.

이 문어발식 기업 확장은 소위 재벌 기업들이 주도하고 있으며, 문어발식 기업 확장에 따른 비전문성이 국가 경쟁력을 약화시키고 있다는 지적도 적지 않다.

그러기에 우리나라 경제가 선진화되기 위해서는 재벌 기업의 문어발식 경영 스타일을 수정하고, 업종의 전문화와 경영의 전문화를 꾀해야 한다고들 말한다.

그러나 정말 사업 다각화와 문어발식 경영은 구별하기 힘들다. 사실 기업을 운영하다 보면 업종 간에 전혀 상관없는 부문은 없다. 건설회사를 하다 보면 자재를 운반하기 위해 화물 회사를 만들고, 해외에 진출하다 보니 무역 회사도 만들게 된다. 자금을 안정적으로 동원하기 위해서라면 금융 회사도 만들어야 한다.

경제는 무엇 하나 연결되지 않는 게 없으니 언제 닥쳐올지 모르는 위험에 대비하기 위해서라면 문어발보다도 더 많은 발로 경영을 해야 한다는 점도 이해해야 하지 않을까 싶다.

경영자 교육 과정의 내실화를 바란다

오늘날과 같이 경영 환경이나 생산 환경, 판매 환경이 급변하는 시대에는 직원이든 경영자든 재교육을 받으면서 일할 수밖에 없다. 조금만 교육에 소홀히 해도 회사가 매끄럽게 굴러가기 힘들다는 것을 절감하곤 한다.

대기업에서는 해외 연수나 직장 내의 재교육 과정을 통해 직원들이나 관리자층을 교육한다. 또 승진이나 기술 개발, 인력 개발 프로그램 등을 동원하여 지속적으로 필요한 교육을 시키는 것으로 알고 있다.

그러나 상당한 규모의 중소기업을 제외하고는 직원이나 경영진의 재교육이 힘든 것이 사실이다.

모든 환경이 열악하기 때문에 직원들에게 회사 생활에 필요한 교육을 시킨다거나 직무 범위와 권한, 책임을 이해시킨다는 것이 쉽지 않다. 그러한 것들이 잠깐의 설명으로 가능한 것이 아니다 보니, 교육을 시키는 대신 사사건건 참견하는 일이 많아지기 일쑤다.

그렇다고 특정한 사원 교육 프로그램을 운영하는 것도 사치스러운 일로 여겨질 정도로 빠듯한 형편이여서, 단지 작업 안전 수칙이나 기계를 작동하는 방법, 회사의 방침을 전달하는 것이 전부일 경우가 대부분이다.

직원들은 그렇다 치고 경영자의 경우도 재교육 과정에 참여하는 것이 쉽지 않다. 국가에서 지원하는 경영자 교육 프로그램이나 전문

이 시대의 리더는 재벌도 아니고
천재도 아닌 딱 한 사람,
변화에 앞장서는 사람이다!
-빌 게이츠

교육 과정 프로그램에 참여하고 싶어도 회사를 비우는 일이 용이하지 않기 때문이다. 프로그램이 낮에 이루어지면 더더욱 그렇다.

저녁에도 접대하는 일이 많아 힘들 뿐 아니라, 이러저러한 이유로 제대로 배울 엄두를 내지 못한다. 그래서인지 많은 경영자들이 대학에 개설되어 있는 '최고경영자 과정'에 등록하고 있다.

최고경영자 과정에서는 공부도 하지만, 다른 경영자들을 만나 서로의 경험을 얘기하고 정보를 공유할 기회를 가질 수도 있으므로 경영자로서는 일거양득의 기회가 될 수도 있을 것이다.

그런데 한편으로는 교육 과정이 너무 느슨하고 사교적으로 흘러가는 것 같아, 수료를 하고 나서도 기업 경영에 필요한 전문 지식을 갖게 되었는지 의문이 생기는 것 또한 부인하기 힘들다.

어렵게 시간을 내서 배우는 것이니, 조금은 내실 있는 교육이 되었으면 하는 바람을 가져 본다. 수업 참여가 부족한 사람들이나, 테스트를 하여 일정 수준에 미달하는 경우는 탈락도 시키고 말이다.

요즘 같아서는 대학이 너무 장삿속으로 교육 과정을 만들기만 하는 것은 아닌가 하는 생각이 지워지지 않는다.

2부

경영의 길을 묻다

실패에 대해 관대함을 보이는 것은
훌륭한 기업 문화를 이루는 중요한 요소이다.
그리고 경영진은
그 실패로부터 교훈을 얻어야 한다.
승자가 되기 위해서는
수많은 시행착오를 거치며 실패를
경험해야 한다. 그렇지 않으면
그 기업은 아무것도 배우지 못할 것이다.

– 토머스 피터스, 로버트 워터맨 주니어

좋은 회사, 훌륭한 경영자

가끔 기업의 목표가 무엇이어야 하는지에 대하여 심각하게 생각해 보게 된다. 모든 경영자의 소망은 자신이 경영하는 회사가 좋은 회사이며 자신이 훌륭한 경영자라고 평가받는 것이라고 믿는다.

그러니 기업의 목표가 이윤을 추구하는 것이고 사회적 부를 실현하는 것일지라도 보다 더 궁극적인 목표는 좋은 회사, 훌륭한 경영자가 아닐까.

그런데 내가 겪은 대부분의 경영자들은 이상하게도 목표만 그렇지 실제로 목표를 이루기 위해서 노력하는 데는 인색하기만 하다.

아니면 좋은 회사나 훌륭한 경영자가 되기에는 우리나라의 기업 환경이 문제가 있는 것인지.

어떤 회사가 좋은 회사일까. 주주가 대박이 나는 회사가 좋은 회사인지 아니면 종업원의 봉급이 엄청나게 많은 회사가 좋은 회사인지 아니면 세금을 많이 내는 회사가 좋은 회사인지. 아마도 좋은 회사라는 것이 존재하지 않을 지도 모르겠다. 그래도 선진국들의 예를 보면 좋은 회사라는 것은 이익을 많이 내서 월급도 많이 주고 사회적 공헌도 많이 하는 회사를 말하는 것 같다.

그리고 훌륭한 경영자란 탁월한 리더십과 전문성을 가지고 좋은 회사를 만들어 가는 능력이 있는 사람을 말하는 것이 거의 확실하다.

사실은 사회적 공헌이나 봉사를 많이 하는 기업이 장기적으로 보면 더욱 이익을 많이 낸다는 것이 선진국들에서는 검증되었다고 한다.

그렇다면 기업이 사회에 대하여 공헌한다는 의미는 무엇일까? 내 생각은 이렇다.

첫째, 기업이, 경영자가 종업원이 새로운 지식이나 기능을 개발하는 데 지원을 해야한다. 종업원 즉 인적자원에 대한 투자로 그들이 무한의 능력을 발휘하게 하는 것이 기업이 사회에 공헌하는 것이다.

둘째, 환경보전 활동을 하여야 한다. 하나뿐인 지구를 파괴해 나간다면 궁극적으로 어떠한 기업 활동도 불가능하게 될 것이다.

셋째, 기업이 속해있는 지역사회에 봉사하여야 한다. 우리가 말하는 좋은 기업들은 바로 이러한 몇 가지 공헌에 대하여 이미 지대한 관심을 기울이고 있는 것으로 알고 있다.

중소기업들이야 생존하기가 급급하니 우선은 대기업들이 먼저 노력을 해야 한다. 물론 중소기업들도 대기오염물질을 배출하지 않도록 노력하거나, 승진이나 급여에 있어서의 남녀차별을 없앤다거나,

위대한 기업이 되기 위해서는 기업과 경영자가
'그만두어야 할 목록'이 '해야할 목록'보다 훨씬 더 중요하다.
- 짐 콜린스

종업원의 복지프로그램을 운영하거나, 근무환경을 개선하거나 큰 돈이 안들어가는 사회공헌을 실천한다면 좋은 회사, 훌륭한 경영자가 요원한 일은 아닐게다.

외국인 노동자와 중소기업

우리나라도 이제 어지간히 살만한 나라가 된 것 같다. 그들에게는 미안한 얘기지만 외국인 노동자가 많다는 이야기는 우리나라의 임금이 상당히 높다는 말이다. 아직은 살기 어려운 나라들에서는 우리나라에 와서 일하는 것이 그들 나라에서 일하는 것보다는 훨씬 유리하다는 이야기다. 그러나 중소기업에서 외국인을 고용하면서 벌어지는 각종 문제들을 접하면 우리나라의 후진성에 마음이 갑갑해진다. 불법체류자를 고용해야 하는 현실을 생각하면 더욱 그렇다. 아마도 누구도 이 문제를 시원하게 해결할 사람은 없을 것이다.

돌이켜보면 우리나라의 근로자들도 독일로 미국으로 베트남으로 중동으로 돈 벌러 나가던 시절이 있었다. 요즈음의 이민이나 취업과는 양상이 달랐다. 지금 우리나라에 와서 일하는 외국인 노동자들처럼 생활을 했을 것이다.

인권유린도 많았고 차별도 많이 받았다고 한다. 이민 3세대의 현재 모습과는 매우 달랐다는 사실을 모르는 사람은 없을 것이다. 우리나라에서 일하는 외국인 노동자들의 모습이 과거 우리의 모습이 아닐까.

외국인 취업과 관련한 어떠한 제도도 중소기업과 외국인 노동자를 동시에 만족시킬 수는 없을 것이다. 그러나 최소한 정부가 중소기업을 제대로 지원하지 못하여 불법체류자를 고용해야 하는 현실, 그리고 불법체류를 이용하여 싼 임금으로 이들을 고용하는 중소기업의

어떤 기업이 성공하느냐 실패하느냐의 실제 차이는
그 기업에 소속되어 있는 사람들의 재능과 열정을
얼마나 잘 이끌어내느냐 하는 능력에 좌우된다.
- 토마스 제이 왓슨

모습은 결코 바람직하지 못하다. 정부의 산업인력수급정책에 정말 문제가 있는 것이다.

불법체류자로 인하여 국민들의 안전이 문제가 된 적이 여러 번이다. 저임금, 인권유린에 시달리다가 사회문제를 일으킬 수 있는 것은 물론이고, 저임금 불법체류자를 고용하려는 악덕 기업주가 관련된 인력송출 관련 비리와 사기사건은 도가 지나칠 정도이다. 중국 조선족동포를 취업시켜준다고 사기를 치는 일이 비일비재하다. 취업사기 사건의 대부분이 연수취업과 관련되어 있다. 취업연수제도 값싼 노동력을 국내로 끌어들여 중소기업의 비교경쟁력을 높일 수 있다 한다. 그런데 값싼 노동력에 의존하는 경영으로 그것이 가능할지는 의문이다.

베트남, 중국, 필리핀, 네팔, 인도네시아에서는 우리나라의 외국인 근로자 박대에 항의하여 그들 나라에 여행 오는 우리나라 사람들에게 보복하는 일이 있다고 한다. 자기나라 노동자들이 우리나라에 와서 당한 일을 갚는다는 것이다. 물론 외국인 노동자들에게 성원을 보내주는 기관이나 단체들이 많이 생겨나고 있어 그나마 다행이다. 그러나 정부의 근본적이고 장기적인 대책 마련이 시급하다.

경영 철학이 별것인가

간혹 '그 힘든 일을 왜 하느냐?'고 묻는 사람들이 있다. '그 힘든 일'이란 물론 '기업 경영'을 두고 하는 말이다.

기업을 경영하는 첫 번째 이유는 당연히 '이윤 창출'일 것이다. 하지만 그것만이 전부가 아니라는 생각이 들 때가 적지 않다. 특히 회사에 근무하는 직원들을 보면서, 그리고 그들에게 딸려 있는 가족들을 생각하면 잠시도 일손을 멈출 수가 없기 때문이다.

함께 살아가는 사람들 속에서 인정받으며 산다는 것처럼 보람 있는 일이 또 있을까……. 재산이 많거나 명예가 높거나 권력이 있다는 것도 결국은 다른 사람으로부터 자신을 인정받고 싶어 하는 노력의 결과가 아닐까 싶다.

'힘든 일을 왜 하느냐?'는 질문보다 더 당황스러운 것은 '사장님의 경영 철학이 무엇이냐?'는 질문이다. 아마도 경영 이념을 물어보는 것일 텐데 쉽게 대답할 수가 없다. 먹고살기도 바쁜데 무슨 철학이 있었겠는가. 한시도 마음을 놓을 수가 없는 것이 현실인데, 어찌 한가하게 철학을 논하겠는가.

사실 대학생들을 비롯한 일부 인사들이 외치는 민주다 뭐다 하는 소리만 들어도 질린다. 직원들이 노조다 뭐다 하는 말은 더 질린다. 자기 배만 채우려는 악덕 경영자들도 있겠지만 직원들과 함께 살아가기 위해 여념이 없는 경영자들에게는 그러한 외침이 한가한 소리

나는 한 마리의 사자가 이끄는 백 마리 양의 부대가
한 마리의 양이 이끄는 백 마리의 사자의 부대보다 두렵다.
– 샤를르 모리스

로만 들리기 때문이다. 그러니 경영 이념 따위를 언제 한 번 제대로 생각이나 해봤겠는가.

대기업들을 보면 경영 이념이 정말 훌륭하다. 인간 위주의 경영, 합리적인 경영, 사업보국(事業報國) 등 말만 들어도 대단해 보인다.

그렇다면 나는 과연 어떤 신념으로 10년 넘게 회사를 경영해 왔을까? 곰곰 생각해 보니 경영 이념이나 철학으로 정립하지 않았을 뿐이지 경영자로서의 원칙이나 마음가짐은 분명히 있었다.

첫 번째 원칙은 신용 제일주의이다. 여기에서의 신용은 어떠한 경우에도 납기나 대금 결제를 미루지 않는 고집을 말한다.

두 번째 원칙은 정직이다. 영업 능력이 뛰어난 사원보다는 정직한 사원이 장기적으로는 기업에 도움이 된다고 생각한다.

세 번째 원칙은 근면이다. 부지런히 일하면 누구나 성공할 수 있다. 우리 회사에서 게으름을 부리는 사람이 다른 곳에 간다고 해서 열심히 일할 거라고 생각지 않는다. 부지런히 일하는 사람은 어느 회사에서든 반길 것이 분명하다.

경영 철학이 별것인가. 경영자의 마음, 그것이 바로 경영 철학 아니겠는가.

진정한 기업가 정신

경영 철학이나 경영 이념이라는 말은 경영자가 기업 경영에 대해 가지는 바람직하다고 생각하는 가치라고 볼 수 있으며, 이러한 가치에 의해 기업 목표가 구체화될 수 있다.

일반적으로 모든 기업의 경영자가 똑같은 가치관으로 똑같은 목표를 설정하고 경영해 나간다는 가정은 있을 수 없다. 하지만 적어도 개인이나 사회, 국가를 위해 기업을 경영한다는 생각과 그것을 실현하기 위해 설정한 목표가 합리적이고 합법적이어야 한다는 데는 이견이 없을 것이다.

그런데 경영자가 그러한 철학이나 이념, 목표를 바르게 정립하는 데 필요한 것들 중 하나가 바로 기업가 정신을 살리는 일이 아닌가 싶다.

지난해부터 시작된 세계적인 경기 침체는 기업가 정신을 발휘함으로써 벗어날 수 있다는 것이 전문가들의 공통된 견해이다.

기업가 정신이라는 말 안에는 불굴의 도전 정신과 창의성, 혁신에 대한 의지, 미래에 대한 꿈과 희망, 뛰어난 판단력과 강한 추진력, 희생정신 등의 뜻이 들어 있다.

지나간 시절 한국전쟁의 폐허 속에서 이른바 '한강의 기적'을 일궈냈던 기업가들이 있다. 삼성의 호암 이병철, 현대의 아산 정주영은 그야말로 우리나라를 대표하는 기업인들이다. 그들은 돈을 벌겠다는 생각을 뛰어 넘어 세계 일류의 초기업을 건설하는 데 평생을 헌신했다.

훌륭한 경영자는 고객을 창출한다.
그리고 또 시장까지 창출한다.
– 슐로머 메이틀

그들의 부(富)의 축적 과정에 대해 특혜와 부패라는 논란도 끊임없이 있었지만, 분명한 것은 기업의 성공을 통해 국가 경제의 견인차가 되었다는 사실이다. 이제 그들의 성공 과정은 신화로 남아 있다.

기업을 운영하고 성공하는 방식이 많이 달라졌지만, 그들이 보여준 불굴의 기업가 정신은 후대의 우리 기업가들이 배워야 할 빛나는 보석과도 같은 것이라고 생각한다.

미국이 세계 경제를 지배하는 대국이 된 것도 사실은 기업가 정신이 있었기에 가능한 것이었다. 미국의 기업가 정신은 '봉사정신'과 '개척정신'으로 표현된다.

경제 난국의 상황에 직면한 오늘, 우리가 가져야 할 기업가 정신은 무엇일까?

일전에 모 잡지를 보니 한국 경제의 미래는 기업가 정신에 달려 있다며, 기업가 정신 주간(weeks)을 선포하는 사진이 실렸다.

"말이 아닌 '실천'만이 신성한 기업가 정신이다"고 한 피터 드러커의 말이 새삼 가슴에 와 닿는 요즘이다.

경영자의 고민

최고경영자라면 누구나 모든 직원들이 경영자와 똑같은 마음으로 일하기를 바란다. 하지만 이러한 바람은 말 그대로 '희망 사항'인 경우가 대부분이다. 한발 양보하여 적어도 임원들이나 관리자들이라도 그런 생각을 가졌으면 하고 바라지만, 이마저도 욕심이라 여겨질 때가 적지 않다.

물론 우리 사주제나 경영 참여제도를 통해 직원들의 근무 의욕을 고취시켜 이익을 극대화한 기업 이야기도 종종 듣긴 하지만, 이러한 것은 매우 특수한 경우라는 생각이 지워지지 않는다.

종업원이 주인처럼 행동하기 위해서는 실제로 직원들이 소유주가 되어야 하는데, 경영자가 온 집안의 재산을 총동원하여 만든 회사를 나누어 가지는 것이 어디 그리 쉬운 일이겠는가. 그나마 상장회사라면 주식을 직원들에게 팔면 되지만, 중소기업에서는 그마저도 불가능한 실정이다.

상황이 이렇다 보니, 주인의식을 갖게 하려면 결국 복지나 급여 문제에 최대한 노력을 기울이는 방법밖에는 없다는 생각이 든다.

그런데 직원들도 그렇고, 회사와 관계없는 일반적인 사람들은 경영자가 직원들을 주인으로 만드는 것이 마음만 먹으면 될 수 있는 일이라고 생각하는 것 같다.

페인트에 첨가하는 물질을 전보다 효과적으로 생산하여 이익을 내

성공한 사람들은 일어나서 자기 스스로 원하는 환경을 찾아 나서며,
혹시 원하는 환경을 찾지 못하면 직접 환경을 만드는 사람들이다.
- 조지 버나드 쇼

던 미국의 리플렉사이트(Reflexite)는 경영 문제로 고민하다 우여곡절 끝에 직원들에게 주식을 팔았다. 이렇게 우리 사주제를 도입하고 10년이 지난 90년대 중반, 직원들의 소유 주식수가 60%를 넘었으며 회사는 점점 발전했다.

이 경우는 경영주가 재정 문제로 어렵게 되자, 새 경영진이 직원들과 함께 회사의 경영권을 승계받아 모범적으로 운영한 예라 할 수 있다. 그러나 실제로는 직원들이 자신들의 재산을 회사에 투자하는 경우는 드물다.

또 한편으로는, 경영자도 자신들과 같은 사람이라는 점을 직원들이 인정해 주었으면 하는 바람이 있다.

시간이 없어 밥을 굶어도 경영자니까 그럴 수 있다고 생각하거나, 어디에서든 경영자니까 당연히 밥을 사야 한다고 여기는 사람들과 한마음이 되는 것은 쉬운 일이 아닐 것이다. 어떤 경영자가 그런 직원들과 회사를 나누어 갖고 싶겠는가.

때로는 직원들이 경영자의 처지와 고민을 알아주기만 해도 고마울 것 같다.

내가 누구인지를 아는 것이 중요하다

기업을 하다 보면 같은 분야에 종사하는 사업가는 물론이고 다양한 직종의 사람들을 수도 없이 만나게 되는데, 나름대로 자기 분야에 일가견이 있는 분들을 통해서는 많은 것을 배우기도 하고 도움도 받는다. 또한 알고 지내는 것이 자랑스럽게 느껴질 정도로 인품이 훌륭한 분들도 적지 않다.

더구나 과거의 화려한 경력을 뒤로하고 현재를 잘 꾸려 나가는 분들을 뵈면 존경스러운 마음을 금치 못한다. 소일거리로 조그만 사업을 하는 전직 장관님이나 큰 회사를 경영하다 일선에서 물러난 후 작은 회사의 고문으로 일하면서 가진 경험과 능력을 여전히 발휘하는 왕년의 회장님을 뵈면 얼마나 기분이 좋은지…….

내 경우는 실제 경험이 풍부한 전문가들의 도움이 절실할 때가 많다. 예를 들면 마케팅 분야의 전문가, 세무 분야의 전문가, 기업 전문 변호사 들이다.

좋은 의사를 만나야 병을 고칠 수 있는 것처럼, 유능한 전문가를 만나서 조언을 받는다는 것은 기업의 미래를 좌우할 엄청나게 중요한 작업이다. 반면에 조언이나 상담이 잘못되어 일을 그르치는 경우도 비일비재하다.

우수한 조언자나 전문가의 도움이 없이는 좋은 기업인이 된다는 것은 불가능한 것 같다. 홍수처럼 밀려드는 정보에 홀로 대적한다는

아무 도움도 되지 않는 사람들에게 매달려
시간을 보내는 것은 결국 실제로 매상을 올려주는
사람들의 요구를 그만큼 소홀히 하는 것이다.
- 제프리 메이어

것은 그야말로 미련하기 짝이 없는 짓일 테니 말이다. 때문에 문제를 끌어안고 있기보다는 터놓고 말하려 노력하고, 누구를 만나든지 상대편의 말을 들으려고 애쓰는 자세가 필요하다.

어느 날 사회적으로 명망 있는 대기업 사장님의 저녁 초대를 받아 여러 사람들과 함께 자리를 했는데, 사장님이 기업을 키우면서 겪은 경험담은 여느 전문가의 조언보다도 생생하게 가슴에 와 닿았다.

그런데 문득 이런 생각이 들었다. 나는 누구인가? 무엇을 하고 있는 것인가? 아차 싶었다. 성공한 사람들을 만나서 배우는 일도 중요하지만, 성공하기 위해서 지금 이 순간에 해야 할 일이 이것만은 아니라는 생각이 들었기 때문이다.

이렇게 초대하는 대로 사람들을 만나 그들의 이야기를 듣는 것이 혹시 시간 낭비를 하고 있는 것은 아닌지? 사장님도 성공한 사람들을 만나기 위해 많은 시간을 소비했을까? 꼭 필요한 조언을 듣거나 상담을 위해서가 아니라, 그들과 어울린다는 사치스러운 생각으로 갔던 것은 아니었을까?

내가 지금 무엇을 하고 있고, 내가 누구인지를 아는 것이 중요하다는 깨달음을 갖게 된 것이 참으로 다행스럽다.

사람 보는 눈이 있어야

불확실한 미래, 순간순간의 판단으로 고독한 결정을 해야 하는 일이 많은 사람들은 내놓고 말을 하지 않아서 그렇지 운세를 보러 가는 경우가 제법 있는 것 같다. 재미로든지, 진짜로 일이 풀리지 않아서 답답해서든지, 새로운 투자를 위해서든지…….

꼭 맞는다고 생각하거나 믿는 것은 아니지만, 그런 기회를 통해 애써 여유를 찾기도 하고 보다 신중해질 수 있다는 생각은 든다. 하지만 심령술이나 역학, 무당, 굿 등에 의존하거나 빠지는 것은 곤란하다.

그런데 참으로 알 수 없는 것은, 미신이라고 치부하고 경원시하면서도 그런 것들을 찾는 사람이 사라지지 않는다는 사실이다. 그것은 인간이란 존재가 그만큼 나약하다는 증거가 아닌가 싶다.

그런 곳에서 들은 이야기가 신기할 정도로 맞았다고 말하는 사람이 간혹 있는데, 그것은 운세를 봐주는 사람이 잘 맞춘 게 아니라 사람이 살다 보면 그럴 확률이 당연히 있기 때문일 것이다.

잘 나가나 싶으면 예상하지 못했던 일이 터져 힘들어지는 등으로 희로애락을 반복하는 것이 우리의 삶일 테니 말이다.

뿐만 아니라 운세를 보러 가는 사람들의 상당수가 답답해서 가는 것일 테고, 많은 사람들을 대하다 보면 그 행색만 보고도 그 사람의 운세를 짐작할 수 있는 것이 아닐까?

수많은 종류의 사람을 만나는 나도 어떤 때는 점쟁이가 되어 버린

누구나 창조성은 예술, 과학에 국한된 것이라고 생각할 수 있다.
그러나 창조성은 인사 관리, 전략, 브랜드 관리, 경영 등의
분야에서도 반드시 장려되어야한다.
- 더글라스 이베스터

다. 게다가 상대방이 어떤 사람들인지를 정확히 판단해야 하는 경우가 많기 때문에 상대방의 언행과 용모, 가족관계, 학벌, 경력, 인간관계까지를 면밀하게 살피다 보면 거의 점쟁이 수준이 될 수밖에 없다.

그런데 문제는 잘 알 수 없는 사람도 있다는 것이다.

어쩔 수 없이 만나야 하는 사람들 가운데 정치인들이 있는데, 정치인들의 속마음을 짐작하는 것은 쉽지 않다. 도대체가 오리무중이다. 아니면 처음부터 속마음이란 것이 없는지도 모르겠다. '정치적'이라는 말이 풍기는 뉘앙스만 봐도 그렇지만…….

'사람 보는 눈을 길러야 하겠다'는 생각을 갖게 해준 정치인 모씨는, 유능한 정치인인지는 몰라도 기업인들의 속을 어지간히 썩이는 것으로 정평이 나 있다. 모씨가 떠오를 때마다 '사람 보는 눈을 더 길러야겠다'는 생각이 드니, 어쩌면 나를 긴장시키면서 경험을 키워 주는 고마운 사람일지도 모르겠다.

때로는 직감으로 승부한다

요즘 들어 경영학 분야는 부쩍 고급 이론과 실천 전략이 판을 치고 있는 것 같다. 사회가 급속도로 변화하고 기술이 발달하여, 웬만한 경험이나 상식만으로 기업을 움직이다 보면 낭패 보기 십상이라 그런지도 모르겠다.

인력이 넘쳐나는 대기업에서야 경영자가 모르는 일이라 하더라도 전문 지식을 가진 직원을 불러 물어보거나 지시하면 대부분 해결된다. 하지만 중소기업에서는 그야말로 확인에 확인을 거듭해도 놓치는 부분이 생겨 스트레스를 받을 때가 적지 않다.

사정이 이렇다 보니 놓치는 부분을 채우기 위해 시중에 떠도는 전문 서적을 읽기도 하는데, 무슨 이론이나 전략이 그리 많은지……. 그대로 하면 정말 돈도 많이 벌고 성공할 것 같은 착각에 빠지게 된다.

하지만 이런 생각을 하면서도 경영에 조금이라도 도움이 될까 싶어 중소기업에 관한 책이나 신문 기사를 어쩔 수 없이 꼼꼼히 챙겨서 읽곤 한다.

교과서에 나와 있는 말도 대부분이 뻔하다.

중소기업이 무엇이고, 왜 존재해야 하고, 우리나라 중소기업의 처지가 어떻고, 대기업과의 관계가 어때야 하고…….

이런 얘기는 강의실에서도 계속된다.

교과서는 나름대로 필요하다. 하지만 경영 현장에서는 교과서와

인간이 실패하는 이유는 단 하나, 자기 자신에 대한
진정한 믿음이 부족하기 때문이다.
- 윌리엄 제임스

다른 상황이 너무 많다. 그래서 필요한 것이 직감이랄까, 느낌이랄까? 아무튼 예상치 못한 상황을 만났을 때, 순발력이 가미된 직감이 빛을 발하는 경우가 적지 않다.

우리나라 건설사 중 처음으로 중동에 진출한 S기업. 리비아와 건설 계약이 체결된 후 지급보증이 필요했다. 당시에 S기업의 사정이 좋지 못해서인지 모든 은행이 외면했는데, 한국은행장이 S기업 사장의 열정과 비전을 보고 지급보증을 해주어 성공적으로 사업을 수행했다는 유명한 일화가 있다.

조건이 아니라 가능성을 보고 직감 하나로 지급보증을 해준 그런 은행장이야말로 이 시대에 필요한 진정한 경영자가 아닐까?

또한 상황이 좋지 못하다고 지레 포기하지 않고, 미래의 비전과 가능성을 제시하며 도전하는 기업가야말로 진정한 경영자가 아닐까?

시스템으로 거래하라

'어떤 목적을 위한 질서 있는 운영 방법, 체계, 조직'을 시스템이라고 한다.

기업을 경영하면서 많이 듣는 얘기 중 하나가 '시스템'이다.

회사의 시스템이 잘 구축되어 있다는 말은 결국 인사·재무·판매·생산 등이 회사의 이익을 최대화할 수 있도록 관리되고 있다는 말로 해석해도 무방하다고 본다.

중소기업의 모든 운영을 시스템화하는 것은 쉽지 않겠지만, 가능하면 체계적으로 정립하는 것이 바람직할 것이다.

회사를 운영하다가 가끔은 상대편 회사의 부도로 대금 회수가 되지 않거나, 계획적인 사기극에 휘말려 회사가 어려운 처지가 된 적도 있다. 그런데 그런 일의 대부분이 '시스템'이라는 단어를 잊어버렸을 때 일어났다는 것이 신기하기만 하다.

거래는 다양한 형태로 이루어진다. 판매 대금을 현금으로 대금을 받을 수도 있고, 외상으로 매출하기도 하고, 어음을 받기도 한다. 어떤 형태의 거래든지 간에 기본적인 내용을 철저히 확인하는 시스템이 작동한다면 커다란 위험을 미연에 방지할 수 있다.

말썽이 생기는 경우는 대개 기본적인 내용을 철저히 확인하지 못한데서 일어난다.

처음 거래를 하는 곳이라면 반드시 그 회사의 신용 상태나 재무 상

투자자에게 가장 위험한 것은 반만 옳은 정보이다.
반만 옳은 정보는 100% 틀린 정보보다 더 위험하다.
- 앙드레 코스톨라니

태의 파악이 기본이다. 계속 거래를 해온 회사라도 정기적인 점검이 필요하다.

하지만 실상은 어떠한가. 번지르르한 외형만 믿고 확인해야 할 사항을 그냥 지나치거나, 오랫동안 거래해 온 거래처라 하여 점검 자체가 불필요하다고 생각하고 관행대로 일을 처리하는 경우가 허다하지 않은가.

또한 너무 쉽게 성사되는 거래는 오히려 실패할 가능성이 높을 수 있다는 사실을 유념해야 한다. 조건이 지나치게 좋은 거래에 대해서도 세심한 주의가 필요하다. 아울러 거래처의 현장 확인은 필수 항목이란 것을 잊어서는 안 된다.

속된 말로 사람이 거짓말하는 게 아니라 돈이 거짓말을 한다.

아무리 평판이 좋고 신용이 높은 거래처라 하더라도 상황은 시시각각 변하기 마련이다. 너나할 것 없이 살얼음판을 걷는 상황에 놓여 있다고 봐도 무방할 것이다.

최악의 상태를 가정하고 시스템으로 점검하지 않으면, 한 번의 실수로 공든 탑이 무너질 수도 있으니 어쩌겠는가.

인연이 인생을 바꾼다

누구를 만나느냐에 따라서 우리의 삶은 얼마든지 달라질 수 있다. 어떤 이들은 사람이 타고난 사주팔자를 벗어나지 못한다고 하지만, 살아가면서 어떤 사람을 만나 어떤 영향을 받느냐에 따라 인생이 크게 달라지는 경우가 적지 않다. 그 만남조차 팔자라고 한다면 이의를 달 수 없겠지만 말이다.

그러나 아무래도 인간의 삶이란 것은 팔자대로 가기보다는 인간의 의지에 따라 바뀐다는 생각이 지워지지 않는다.

특히 청소년기나 사회에 첫발을 내디뎠을 때 만난 사람들의 영향으로 삶의 방향이 바뀌는 경우는 너무 많다. 그러니 정말로 사람을 잘 만나야 한다. 가장 변화가 심하고 예민한 시기에 곁에 누가 있느냐에 따라서 인생이 180도 바뀔 수 있다는 사실은 얼마나 놀라운 일인가?

사람들은 누구나 자신이 좋아하는 사람을 닮고 싶어 하기 때문에 자연히 생각이나 행동을 본받게 되는데, 어떤 사람을 존경하고 따르고 만나는 것은 순수하게 자신의 의지에 달린 것이다.

사람마다 존경하는 사람이 다다르다. 링컨을 좋아하는 사람도 있고, 이순신을 좋아하는 사람도 있다. 그런가 하면 누구보다도 부모님을 사랑하고 공경하는 사람도 있고, 고등학교 시절의 선생님을 평생 존경하며 사는 사람도 있다.

기왕이면 그렇게 좋아하고 존경하는 사람이 자신의 인생을 바꾸어

이름을 지켜라.
이름은 가장 중요한 상품이기 때문이다.
- 론 쇼

버릴 정도로 영향력까지 있다면 그것이야말로 행운이 아니고 무엇이겠는가. 게다가 그러한 사람들과 더불어서 세상을 살아간다면 그보다 더 즐거운 일이 어디 있겠는가.

지난날을 돌아보면, 내가 지금처럼 살아가는 데 영향을 준 사람들이 하나둘씩 떠오른다.

물론 내 인생에 도움이 되어 준 사람들이 너무 많다. 반면 우연하게라도 마주치지 않았으면 하는 사람도 있다. 늘 곁에 있어서 그 소중함을 진하게 느끼지 못하지만 없으면 아쉬워질 것 같은 사람들도 적지 않다.

기업인의 길을 가고 있는 지금, 이 길을 가는 데 가장 큰 영향을 미친 분은 아무래도 첫 직장의 사장님이 아닐까 싶다. 엄하면서도 자상했던 그분은 '나도 언젠가 회사를 만들어 사장이 되고 싶다'는 생각이 들게 해 주셨다.

사장이 된 지 12년이다. 나도 누군가에게 영향을 미치는 사람이 되고 싶다면, 지나친 욕심일까?

CEO의 인맥 관리

기업을 경영하는 데는 여러 가지 전문적인 지식이 요구된다. 재무에 관련된 지식은 물론이고 인사 관리 능력, 정보 처리 능력이 필요하다. 특히 제조업의 경우에는 고도의 기술력까지 갖춰야 하며, 판매에 있어서도 다양한 테크닉을 구사할 줄 알아야 한다. 기업의 CEO는 그야말로 전천후(全天候)의 재능을 가지고 있어야 하는 것이다.

체력은 기본이다. 어떠한 환경에서도 버틸 수 있는, 때로는 자신을 무신경한 단세포 동물로 만들 줄도 알아야 한다. 그뿐인가. 짧은 시간에 충분한 휴식을 취하면서 전력을 구사하는 게릴라(guerilla) 같은 적응력도 갖춰야 한다.

그런데 이렇게 다양한 여러 능력 중에서도 인맥을 잘 관리하는 능력은 모든 경영자에게 공통적으로 필요한 것 같다. 경영자에게 요구되는 대부분의 능력은 결국 사람과의 관계 속에서 필요한 것들이기에, 현재 가진 인맥을 얼마나 효율적으로 관리하고 새로운 인맥을 어떻게 형성해 나가느냐가 무엇보다도 중요하단 생각이 든다.

인맥을 관리하는 방법은 사람마다 다르겠지만, 내 경우에는 적어도 한 달에 한 번은 업무적으로나 개인적으로 만나 식사를 하거나 티타임을 가지는 것이 많이 도움이 되었다. 만나서 그 사람의 관심사나 고민에 대해 귀 기울여 듣다 보면 많이 가까워짐을 느낄 뿐 아니라, 경우에 따라서는 마음속에 있던 답답함이 풀리는 경우도 적지 않았다.

사람들은 자신들이 대우받는 것과
똑같은 방식으로 고객을 대우한다.
– 톰 코넬란

물론, 동종 업계의 정기적인 모임에는 반드시 참석하는 것이 좋다. 기업에 도움이 되는 정보 교류의 자리가 되는 경우도 많고, 새로운 거래가 이루어질 수도 있기 때문이다. 사람들은 다양한 방법으로 서로 도움을 주고받으며 살고 있으므로, 이러한 자리를 통해 새로운 사람을 소개받기도 하고, 경우에 따라서는 기대하지도 않은 수익을 발생시킬 수도 있다.

또한 명절 같은 경우에는 가능하면 선물을 한다. 받는 사람이 부담을 느끼지 않는 범위에서 정성이 담긴 선물을 하는 것이 좋다. 특히 유의해야 할 점은 관리 목록을 만들어 꼼꼼히 챙겨야 한다는 것이다. 한두 번 연락이 가지 않으면 잊어버리게 되는 경우가 많기 때문이다.

아울러 경조사에는 참석해야 한다. 부득이한 일로 경사에는 빠진다 하더라도 조사는 꼭 챙기는 것이 좋다. 혹시라도 중요한 업무로 참석을 못하는 경우에는 다른 사람을 대신 보내서라도 축하하거나 조의를 표하는 것이 성공하는 비즈니스맨의 기본 태도가 아닌가 싶다.

인맥 관리는 섬세해야 한다. 이쪽에서 정성을 들이지 않으면 상대방도 관심을 갖지 않을 수 있다. 또한 새로운 인맥의 창출보다는 기존의 인맥을 잘 챙기는 것이 보다 효율적이라고 생각한다.

참는 것도 경영이다

최고경영자가 가져야 할 덕목은 수없이 많다.

직원들에게 믿음을 주고 존중해라. 거래를 성사시킬 만한 설득력을 가져라. 겸손해라. 심지어는 유머 감각도 있어야 한다고 한다.

하기야 세상이 무한 경쟁 시대에 돌입한 이 시점에서 기업을 생존시키기 위해서 하지 못할 일이 어디 있겠는가. 도둑질과 사기 치는 거 빼놓고는 다 해야 한다고 하는 사람까지 있을 정도니 말이다.

직원들의 사기를 높이기 위해서 규정에도 없는 상여금을 지급하기도 하고, 회사의 경영 방침을 다시 설명해 주기도 한다.

그런데 정작 경영자 스스로는 어떻게 자신의 사기를 높이고, 비전을 가져야 할지 몰라 답답할 때가 많다.

답답한 마음에 어떤 날은 서점에 가서 잘 팔린다는 경영 관련 서적을 몇 권 사다가 읽을 때도 있다. 그런데 무슨 조언이 그리 많은지, 무슨 기술이 그리 많은지……. 맞기는 맞는 것 같은데, 그대로 따라서 하다가는 죽도 밥도 되지 않을 것 같다.

성공한 CEO나 성공한 기업의 노하우 같은 것이 가슴에 와 닿는 일이 많지만, 실제의 경영 환경이 너무 다르기 때문에 그 또한 선불리 모방할 수도 없는 노릇이다.

그래도 경영자가 비전을 가지는 문제나, 직원들을 재교육하는 문제는 어느 정도 받아들일 수 있다. 하지만 진짜 문제는 회사를 키우는

인생에 있어서 기회가 적은 것은 아니다.
단지 그것을 볼 줄 아는 눈과 붙잡을 수 있는
의지를 가진 사람이 나타나기까지 기회는 잠자코 있는 것이다.
- 로렌스 굴드

일에서 발생한다.

기업을 민주화하고 경영을 합리화하기 위해서는 법적으로나 실제적으로 회사의 규모가 상당해야 한다. 중소기업이 대기업으로 발전하는 비전을 가지거나, 기업을 공개하고 상장한다는 것은 말처럼 쉽지 않다. 도저히 달성할 수 없는 목표랄까?

몇 년 전부터 우리 회사는 공인 회계사의 감사 보고서를 첨부해야 하는 규모로 성장했다. 토지도 구입하고, 영업도 확장했다. 그렇지만 기업을 키우는 데는 너무나 규제가 많고, 행정 지원조차 제대로 되지 않는 경우가 비일비재하다. 툭하면 민원이요, 소송이었다.

악용하는 사람들이 많아 규제도 많겠지만, 정작 기업을 키우고자 하는 기업인들로서는 답답하기 짝이 없는 노릇이다. 대기업들도 불만들을 쏟아놓는 일이 많은데, 중소기업이야 더 말해 무엇하겠는가.

그렇지만 답답해도 참아야 한다. 참는 것도 경영이다. 이 땅에서 기업을 하는 한 대한민국의 법을 따라야 하고, 경우에 따라서는 회사를 키우는 것도 참아야 한다.

이렇게 어려운 시기에는 참는 것도 경영일 테니 말이다.

사과(謝過)하는 경영자가 되어라

신문 지상을 많이 장식하는 단어 중 하나가 '사과(Apology)'라고 한다. 특히 정치인들이 이 말을 즐겨 사용하는데, '대국민 사과'는 대통령이나 장관들이 주로 이용하지만 드물게는 모 전경련 회장도 사용하여 주목을 받은 바 있다.

그런데 '사과'라는 용어의 잦은 등장이 우리나라의 일만은 아닌 것 같다. 우리의 경우에는 2002년부터 급증했다고 하고, 미국의 경우에는 1990년에 이미 우리나라의 6배에 이르는 것으로 조사되었다고 하니 말이다.

대부분의 전문가들은 '사과'가 많아진 것을 좋은 현상으로 여기는 것 같다. 즉 과거보다 잘못을 많이 해서가 아니라, 과거보다 잘못이 잘 드러나는 것으로 인식하고 있기 때문이다.

특히 최근에는 정치계뿐만 아니라 학계나 재계에서도 이러한 용어를 많이 사용하고 있는데, 그 이유가 무엇일까?

전문가들은 가장 큰 이유로 디지털 기술의 발전을 들고 있다. 예를 들면 광우병 논란이 대규모 촛불 시위로 발전된 것도 인터넷이나 휴대 전화를 사용하는 인구가 늘어났기 때문에 가능한 일이었다는 것이다.

기술의 발달로 기자가 아닌 일반 시민들도 각종 사건·사고 소식이나 새로운 이슈를 다수의 사람들에게 전달할 수 있는 기능을 갖게 되

만일 고객과 종업원에게 헌신을 다짐하지 않는다면
결코 성공을 이룩할 수 없을 것이다.
- 론 쇼

었기 때문에 정치인들만이 아니라 학자나 기업인들도 잘못이 있는 경우 사과하지 않으면 곤란한 지경에 이를 수밖에 없는 것이다.

또한 과거에는 모든 것이 조직의 힘에 의해 좌지우지되었지만, 최근에는 개인의 권리를 존중받아야 한다는 인식이 팽배해졌을 뿐만 아니라 기업의 사회적 책임을 요구하는 목소리가 점점 커지는 등으로 '사과'가 많아질 수밖에 없는 구조로 세상이 변화하고 있기 때문이다.

그렇다고 '사과'라는 행위가 꼭 고위층에게만 요구되는 것은 아니다. 때로는 책임을 져야 하는 조직의 리더나 개인도 사과를 해야 한다. 물론, 기업의 경영자도 예외는 아니다. 경영상의 결정을 잘못하여 회사에 해를 끼친 경우나, 경영자로서 직원들에게 한 약속을 지키지 못했을 때는 사과해야 한다.

경영자들은 사과가 가져올 부정적 측면, 즉 체면 손상이나 법적 책임 등 때문에 머뭇거리는 경우가 적지 않다. 그러나 구성원간의 갈등 조정이나 당면한 문제 해결을 위해서는 사과만큼 빠른 해결책이 없다. 사과해야 할 일을 만들지 않는 것이 경영자의 가장 큰 책무이지만, 만약 사과해야 할 일이 있다면 빠를수록 좋다고 생각한다.

사과를 잘하는 것도 경영자의 덕목 중 하나가 아닐까?

세심하고 꼼꼼한 경영자

사회활동을 할 때도 그렇지만 기업을 운영하는 데도 경영자의 개인 신상에 따라 달리 대접을 받는 경우가 적지 않다. 그중에서도 여성 경영자가 갖는 애로 사항은 상상외로 많다. 이외에도 나이라든가 출신 지역도 무시하지 못할 만큼 한몫한다.

물론 기업을 판단하는 데 있어 기업의 재무 상태 못지않게 경영자가 누구냐 하는 것이 중요하단 점은 인정한다.

하지만 지나치게 경영자의 개인적 특성에 치우쳐 판단하다 보니, 판단 자체가 잘못되거나 객관적인 평가를 하지 못하는 경우가 적지 않다는 생각이 든다.

중소기업청이 2006년도에 남성 기업인에 비해 여성 기업인이 불리한 점을 조사한 적이 있다.

응답한 여성 기업인의 27.4%가 가사나 양육 문제를 들었다. 기업을 경영한다고 해서 가정이나 사회에서 전통적인 여성의 역할을 대신해 주거나 배려해 주지 않기 때문이다.

또한 남성 중심의 접대문화가 기업 활동에 불리한 점이라는 응답자도 24.5%에 달했고, 사회적 편견으로 여성 기업인이 불리하다는 응답자도 27%나 되었다. 게다가 금융기관이나 공공기관에서도 '여성 기업인을 무시하고 있다'라는 응답이 10.35%에 이른 것을 보면, 국가적으로도 비효율이 심한 셈이다.

모든 경영상의 의사결정의 본질은
비용과 가치의 끊임없는 긴장관계이다.
– 슐로머 메이틀

반면에 세심하고 꼼꼼하여 소비자의 요구를 잘 파악할 수 있다는 응답이 90.1%에 달했으며, 희소성 때문에 PR 효과가 있다는 점을 여성 기업인의 장점으로 꼽기도 했다.

조사 대상 기업 수가 145,299개이고, 이중 11,081개(7.6%)가 제조업이다. 업종별로나 지역별로, 규모별로 나누어 보면 세부적인 대답에 다소 차이가 있을 수 있다. 하지만 경험적으로 보면, 응답으로 나타난 수치가 우리 사회의 실상이 아닐까 싶다.

세계의 시계는 21세기를 가리키고 있는데, 대한민국의 시계는 19세기에 머물고 있다는 느낌이 든다.

남성 경영자건 여성 경영자건 세심하고 꼼꼼함으로 승부해야 하는 것은 아닌지. 여성 기업인의 희소성 때문에 PR 효과가 있으리라는 것이 여성 기업인이 남성 기업인에 대해 가지는 유리한 점이라면, 그만큼 여성이 경영자로 있는 기업에 대한 평가가 공정하지 않을 가능성이 많은 것은 아닐는지…….

능력이나 실적으로 기업을 평가하고, 여성이나 남성의 구별 없이 기업인을 대하는 풍토가 하루빨리 조성되었으면 하는 바람이 간절하다.

실패는 성공의 어머니

초등학교 시절부터 부모님과 선생님들, 집안의 어른들로부터 귀에 못이 박히도록 들은 얘기 중 하나가 '실패는 성공의 어머니'란 말이다.

아무래도 실수가 많고 무슨 일을 해도 잘 안 되는 경우가 많다 보니, 꾸지람 반 격려 반으로 하신 말씀이리라.

그래도 이 말을 들으면 다소 안심이 되어 다시 기운을 내곤 했던 기억이 새롭다.

이제 수십 년의 세월이 흘러 어릴 때 듣던 이 말을 자식에게 해주는 나이가 되고 보니, 이 말이 참으로 명언이라는 생각이 거듭 들곤 한다.

최고경영자가 귀담아 들어야 할 말은 너무나 많다.

'새로운 가치를 창조하라. 행동하기 전에 생각하라. 판단을 내렸으면 위험을 감수하라. 시간이 돈이니 빠르게 행동하라. 자신만의 스타일을 가져라. 인연을 소중하게 생각하라. 카리스마를 가져라. 당당하게 표현하라. 친절해라…….'

정말이지 셀 수 없이 많다. 이런 말들을 기억해 가면서, 가능한 한 최선을 다해 기업을 움직이려고 애쓴다.

그러나 나에게 가장 약이 되는 충고는 '실패가 성공을 가져다준다'는 메시지이다.

기업이 호황을 누리는 시기에도 어김없이 실패는 찾아온다. 1년으로 치면 평균 10개의 거래처 중 1곳은 부도가 난다. 그 때문에 손해

무언가 하려고 하다가 실패한 사람은 용서해도
아무것도 하지 않고 사는 사람은 용서할 수 없다.
- 손정의

를 보는 금액도 보통이 아니다. 작게는 수억 원에 달한다. 매년 경험하는 일인데도 면역이 생기지 않으니, 아직도 멀었나 보다.

가슴이 떨리고 흥분과 분노가 치밀어 오른다. 아! 그런 사람이었나? 배신감이 엄습한다. 수습하느라 며칠은 정신이 나간 상태다. 새로운 가치를 창조할 여유도 카리스마도 없다. 친절할 수도 없고, 민첩하게 행동할 수도 없다.

이럴 때는 시간이 약이고, 실패는 성공의 어머니일 뿐이다. 정말로 기가 막힌 명언이다.

이 말을 믿고 정신을 가다듬고 나서야 마음의 안정을 찾는다.

그래! 경영에 100%란 애당초 없는 것이다. 끊임없는 도전과 시련, 그리고 실패의 연속 속에서 아주 가끔 일이 잘될 뿐이다.

성공의 확률을 높이기 위하여, 실패의 확률을 낮추기 위하여 뛰고 또 뛰는 것이 바로 경영자의 숙명이 아닐는지…….

존경받으려면 프로가 되라

성공한 기업인들을 만나 보면 나름대로 기업을 운영하는 노하우(know-how)가 있음을 알 수 있다. 어떤 때는 헤어지자마자 메모를 할 정도로 많은 것을 배우기도 한다.

또한 그런 분들과의 만남을 계기로 기업의 사회적인 책임에 대해서도 진지하게 생각해 보고, 그러한 책임을 다하려면 무엇을 어떻게 해야 할까 하고 고민하는 시간을 갖기도 한다. 쉽지는 않겠지만, 모든 사장들이 그러하듯이 나 또한 존경받는 경영자가 되고 싶은 꿈을 갖고 있기 때문이다.

처음 사회에 첫발을 디뎠을 때 만난 사장님을 중년이 된 지금도 가끔 뵙곤 한다. 바쁘게 돌아가는 세상 속에서 딱히 연결 고리가 없으면 잊혀지기 십상인데, 오랜 세월 동안 이렇게 이어오는 인연이 나 스스로도 놀랍기만 하다. 무엇이 그렇게 만들었을까? 그것은 아마도 존경하기 때문이 아닐까 싶다.

처음 직장 생활이라 긴장한 탓도 있겠지만, 모든 게 어설펐던 사회 초년생인 나에게 사장님은 분명하게 일 처리하는 자세를 자상하고도 엄격하게 가르쳐 주셨다. 지금도 회사 일을 하다가, '내가 그 사장님 흉내를 내고 있는 것이 아닐까?' 하는 생각이 문득 들 때도 있다.

그런가 하면 쓴웃음을 짓게 하는 어느 사장님 얼굴도 떠오른다. 이제는 기억조차 가물가물한 일이지만, 아니면 애를 써서라도 잊고 싶

나는 단 하루도 노동을 해본 일이 없다.
일하는 그 자체가 바로 위안이요. 즐거움이었으니까
- 에디슨

은 일이지만 지워지지 않는 상처처럼 남아 있다.

그날, 대단히 중요한 거래처의 사장님을 만나 거래를 성사시킬 마음으로 아침부터 분주했다. 여러 가지 자료와 함께 정성스런 마음까지 준비하여 미팅을 가졌고, 긍정적인 방향으로 분위기가 무르익었다.

'내일 아침에는 출근하자마자 직원들을 모아놓고 거래가 성사되었다고 말해 줘야지.'

중소기업의 경우는 사장이 영업해야 할 때가 적지 않은데, 큰 거래를 성사시키면 사장의 체면도 설 수 있기에 웃음이 절로 나왔다.

이런 생각을 아는지 모르는지 취기가 오른 사장님은 거래의 마지막 조건으로 개인적으로 만나자는 것이었다. 순간 정신이 번쩍 들었다. 이때 나는 진정한 기업인이 되어야 한다는 생각, 즉 일로서 승부하는 프로 기업인이 되어야 한다는 생각이 들었다. 그 순간 거래는 끝났고, 그때의 쓴웃음은 아직도 입가에 남아 있다.

존경받는 사장이 되려면 남에게는 자상하지만 자신에게는 엄격해야 한다. 또한 일에는 귀신이 되어야 하며, 몸가짐도 진정한 프로다워야 한다. 나는 프로가 되기 위해 오늘도 세상을 누비고 다닌다.

주인 의식

오늘날 지구상에서 사회주의 경제체제를 고수하여 성공한 나라는 없다고 해도 과언이 아니다. 한때 세계 최강국으로 잘 나가던 소련이 붕괴된 원인도 사회주의 경제체제의 비효율성과 폐쇄성에서 기인한 것이라는 데 이견이 없는 것 같다. 결국 소련은 러시아라는 자본주의 시장경제를 채택하는 새로운 나라로 재편되었다.

사회주의 경제체제의 비효율성과 폐쇄성은 근본적으로 주인이 존재하지 않는 사유 재산의 불인정에서 초래된 것이라는 생각이 든다. 아무리 노력해도 내 것이 인정되지 않는 상황에서 최선을 다한다는 것은 쉽지 않은 일이다. 능력에 따라 일하고, 필요에 따라 보상받는다는 것은 이상(理想)에 불과한 일일 테니 말이다.

경영자와 직원이 다른 점은 의식의 차이에 있다. 그 의식은 다름 아닌 주인의식이다. 주인의식이라는 것은 일에 대한 견해나 태도라고 해석해도 무방할 것이다.

주인은 일에 대한 정성이 남다르다. 건성으로 일할 때와 정성을 다하여 일할 때의 결과가 다르다는 것을 너무나 잘 알기 때문이다. 그리고 그 성과 역시 자신의 몫이 되므로 그만큼 보람도 있다. 만약 개인 소유를 인정하지 않는다면 주인처럼 일하는 사람은 없다고 해도 과언이 아닐 것이다.

자본주의 시장경제 체제의 장점은 모두가 주인이 될 수 있다는 것

자신의 주인이 되는 자는 곧 다른 사람들의 주인이 될 것이다.

- 퓰러

이다. 그렇기에 자기 일은 물론이고 주변의 일까지 자기 일처럼 해내는 직원들은 반드시 주인이 될 수 있다.

주인의식을 가진 사람은 늘 열정적으로 일을 처리한다. 환경을 탓하지도 않는다. 항상 도전적이며 창의적이다. 이렇게 주인의식을 가진 사원이 많은 회사는 성공하지 않을 수가 없다.

주인의식은 남이 주는 것이 아니라, 스스로 주인처럼 생각하고 행동하는 것이다. 시키는 일이나 대충 하는 사람은 결코 주인이 될 수 없다. 그런 사람이 혹시 주인이 되었다 해도 그것이 오래가는 경우는 매우 드물다. 방관자적인 삶을 살아가던 사람이 어느 날 갑자기 주인이 되었다고 해서 적극적인 삶으로 바뀌는 경우는 극히 드물기 때문이다.

과거는 현재를 만들고, 현재는 미래를 만든다. 그렇기에 주인의식을 갖고 현재를 충실하게 사는 사람은 미래의 주인이 될 수밖에 없는 것이다.

주인의식, 그것이 곧 미래를 위한 준비이기 때문이다.

직원들을 위한 배려

경제 전문 잡지들을 펼치면 기업인들의 경영 성공담에 자연스레 눈이 가곤 하는데, 요즘처럼 경제가 어려운 때에도 성공하는 기업들을 보면 뭔가 다른 점이 있기 마련이다.

세상의 이목을 집중시킬 만큼 성공한 기업들은 어려울수록 정도를 걸을 뿐만 아니라, 나눔을 실천하는 공통점을 갖고 있는 경우가 적지 않음을 발견하게 된다.

그래서인지 그들이 가진 어려움은 도리어 그들을 더욱 빛나게 만들고, 뿐만 아니라 그들이 어려움을 극복하는 비법 또한 너무나 간단하고 단순하여 금방이라도 따라할 수 있을 것 같은 희망까지 안겨 준다.

너나없이 어렵다고 하는 요즈음, 어떻게 기업을 이끌어 가야 할까? 어려울 때 빛나는 기업이 되기 위해서 어떤 계획을 세워야 할까? 경영자로서의 고민이 적지 않다.

이럴 때, 나는 가장 먼저 직원들을 생각한다. 오랜 세월 동고동락한 직원들에게 어떤 미래를 만들어 줄 수 있는지를 생각해 보는 것이다.

최고경영자라면 누구나 직원들이 자기처럼 회사를 위해 일하기를 바랄 것이다. 그렇게 되게 하기 위해서 경영자는 무엇을 해야 하는 것인가?

아무래도 직원이 최고경영자나 소유주와 같은 마음으로 일을 하게

리더가 자신의 추종자들을 진심으로 존중할 때
신뢰는 저절로 생겨난다.
– 짐 오툴

하려면 직원들도 소유주가 되는 것이 가장 바람직하다고 생각한다. 그러려면 직원들이 회사 주식을 조금이라도 가져야 하지 않을까.

이것은 많은 대기업에서 '우리 사주제'나 '국민주'라는 이름으로 시행하고 있는 제도이다.

증권시장에서 거래되지도 못하는 중소기업의 주식을 가지는 것이 어떤 의미를 안겨 줄 것인지는 모르지만, 회사를 이해하고 아끼는 데는 최고의 효과를 줄 수 있지 않을까 싶다.

직원들에 대한 배려의 또 다른 방법은 권한을 주는 일이라고 생각한다. 자신의 책임 하에 일하게 하고, 성과만큼 대우를 해준다면 누구나 경영자처럼 일하고 생각할 수 있다.

실제로 직원들에게 권한을 부여했을 때 더 능동적으로 일한다는 것은 이미 잘 알려진 사실이다.

회사에서 발생하는 불필요한 비용을 절감하는 아이디어도 직원들에게 권한을 부여하고 성과에 대한 보상 체계가 확실할 때 제안되는 경우가 적지 않다.

권한의 부여는 직원들의 사기를 높이고 그들을 신 나게 하는 일임에 틀림없다.

직원 관리를 위한 체크 리스트

경영을 하면서 어려운 일 중 하나는 직원들이 능력을 제대로 발휘하도록 지원하는 일이다.

능력을 제대로 발휘하지 못하는 사람들을 살펴보면, 의외로 개인적인 문제에서 기인하는 경우가 적지 않다. 업무 능력이나 전문적인 지식과는 전혀 관계없이 자신이 고민하고 있는 경제적인 문제나 가정문제 때문에 회사 일을 잘하지 못하고 있는 경우가 많다는 것이다.

그렇지만 스스로 말하기 전에는 아는 척하거나 참견할 수도 없는 노릇이다. 개인적인 일을 가지고 왈가왈부한다면 자칫 프라이버시를 침해하는 일이 될 수도 있으니 말이다.

그런데 문제는 그러한 상태를 방치하면 회사에 큰 손해를 미칠 수도 있다는 사실이다. 이를 간과하지 않고, 수위를 잘 조절하는 것이 경영자의 보이지 않는 능력이 아닐까 싶다.

예전부터 선진국들에서는 근로자 지원 프로그램을 운영해 왔다. 미국에서도 이미 1930년대 공황기에 근로자들의 음주 문제를 해결하기 위하여 알코올 중독 치료 프로그램을 도입한 바 있다.

우리나라의 대기업에서는 직원 상담실을 운영하는 곳이 늘어나고 있다. 이곳에서는 상담 전문가들이 직원들의 고민을 해결해 주기 위해 귀 기울이고 여러 가지 방법을 간구한다. 음주와 관련된 사항은 물론이고 가족 간의 불화, 직장 내의 폭력, 이직(離職), 경제적인 고충

직원들을 돌보는 것은 좋은 기업이 되기 위한
기본적인 요건이다.

– 데이빗 줄리아니

등에 대해 폭넓게 상담을 해준다. 심지어는 직장 생활에서 받게 되는 스트레스에 대해 상담을 하고, 문제를 해결하기 위해 노력한다.

이는 직원들의 건강과 복지를 챙기기 위해 회사 내에 간호사, 헬스트레이너, 영양사 등을 상주시키는 것보다 진일보한 직원 관리 프로그램이라 할 수 있다.

하지만 대기업이 아닌 중소기업이 직원들을 위한 프로그램을 운영하는 것이 쉽지 않다. 하루하루 먹고살기가 바쁘니 말이다. 하지만 직원들의 문제 있는 사생활을 방치하면 때로는 공금 횡령이나 부정한 일에 연루될 가능성이 높으므로 관심을 갖지 않을 수 없다.

따라서 최소한의 직원 관리를 위한 체크 리스트를 만들고, 몇 가지는 꼼꼼히 챙겨 봐야 한다.

'지각과 결근이 잦다. 자리를 자주 비운다. 개인 통화가 많다. 낭비가 심하다. 쉬운 업무도 수행하지 못한다. 술주정이 심하다. 지나치게 말이 많거나 없다…….'

이런 직원이 있다면 반드시 관심을 가지고 챙겨 줘야 한다. 소 잃고 외양간 고치지 않으려면 말이다. 물론, 이러한 프로그램의 성공 여부는 당연히 철저한 비밀 보장에 있음을 간과하지 말아야 한다.

첫인상으로 직원을 채용한다

회사 일을 하다 보면 회사에 큰 이익을 주는 첫 번째 자원은 좋은 직원임을 알게 된다. 사장과 직원 사이라도 한 가족처럼, 동지처럼 살아가는 존재가 직원이 아닌가 싶다.

대부분은 서로가 화합하여 회사 일을 해나가기 때문에 큰 문제가 발생하지 않지만, 때로는 경영자와의 갈등을 해소하지 못하고 회사에 커다란 손실을 끼치면서 회사를 떠나가는 직원도 생겨나곤 한다.

경영자와 부하 직원이 갈등을 빚을 때, 중소기업은 대기업의 경우보다 그 피해가 더 심각한 것 같다.

회사의 규모가 작다 보니 회사의 영업상 비밀이나 거래처가 한정되어 있고, 직원 관리도 경영자의 주관적인 견해가 개입될 여지가 많아 어지간히 신경 쓰지 않으면 일이 터지고 나서야 수습해야 되는 일이 발생할 수 있는 것이다.

급여나 업무 과다에 따른 불만, 동료 직원 간의 불화 같은 것들은 사전에 충분하게 대화를 나눈다면 조율하거나 문제를 완화시킬 수 있는 방법이 얼마든지 있을 것이다. 하지만 상당수의 직원들은 평소에는 얘기하지 않고 있다가 불만이 극대화되었을 때에야 사표를 들고 와서 그동안의 심정을 토로하기도 하는데, 이럴 경우 경영자의 입장에서는 적잖이 당황할 수밖에 없다.

대부분의 중소기업은 시스템으로 무장되어 있지 않다. 어떤 문제

사람은 겉으로 나타나는 모습을 통해 안을 들여다 볼 수 있다.
따라서 만약에 그 얼굴에 허영심이 가득하다면,
그 마음속에는 교만이 가득 차있는 것이다.
- 헨리 스미스

가 발생했을 때 바로바로 대체할 인력이 준비되어 있는 것도 아니고, 그렇다고 필요한 사람을 금방 구할 수도 없는 노릇이다. 중소기업의 이런 점을 악용하여 일정 기간 성실히 근무하다가도 돌변하여 회사의 약점을 잡아 경영자를 협박하는 사례도 있는데, 이런 일이 생기면 거의 속수무책일 수밖에 없다. 고문 변호사를 두고 있는 것도 아니고, 발을 동동 구를 수밖에 없는 것이다. 다행히 이해시키고 설득하여 문제를 해결한다고 해도 한 번 생긴 마음의 상처는 쉬 아물지 않는다.

가능한 한 이런 일을 방지하기 위해서 최선을 다해 좋은 사람을 뽑고자 노력한다. 물론 새로 들어오는 직원이 해당 업무에 적임자인가의 여부는 객관적인 자료를 바탕으로 판단한다. 그러나 모든 조건이 비슷할 때는 채용 면접시의 첫인상으로 결정한다.

첫인상을 좌우하는 요소로는 목소리, 얼굴 표정, 몸짓, 매너, 눈빛 등을 들 수 있지 않을까 싶다.

나의 경험으로는, 첫인상이 좋다면 좋은 사원이 될 확률이 벌써 50%가 넘어간다. 내가 이렇게 말하면, 이웃 회사의 사장님은 100%라고 우기신다. 믿거나 말거나…….

품성 좋은 사람을 선발하라

21세기를 지식 기반 사회라고도 하고, 세계화와 정보 혁명이라는 말이 기업을 압박하기도 한다.

도대체 배우는 일은 끝이 있는 것인가? 대답은 '아니오'다.

기업을 보다 체계적으로 경영해 보려고 나름대로 많은 공부를 했다. 새로운 것을 배울 욕심으로 동료들과 이곳저곳을 기웃거리며 경영학을 배우다 보니, 해야 할 공부가 왜 그리도 많은지…….

경제학은 물론이고, 회계학도 필요했고 심리학도 필요했다. 그나마 회계학은 나로선 익숙한 과목이라 좀 수월했지만, 부족한 외국어 실력 때문에 영어에 일어 학원까지 다니면서 공부를 해야 했다. 그뿐인가. 돌아서면 잊어버렸지만 법학과 통계학도 배웠다.

남보다 늦은 나이에 대학을 졸업한 후 최고경영자과정 수료증도 몇 개를 취득했지만 행정학도 공부해야 하고, 수학도 공부해야 한다. 배움의 끝이 어디인지 도무지 보이지 않는다.

그뿐인가. 집에 돌아오면 감각 무딘 경영자가 되지 않으려고 시사 프로에 목을 맨다. 하지만 잘난 인간들이 너무나 많아 아직도 다른 사람들 앞에 나서서 말하는 일이 주저될 때도 적지 않다.

그래도 되돌아보면 배움이란 참으로 좋은 것 같다. 사장도 좋은 사장과 나쁜 사장이 있는 것처럼, 교수들도 그렇다. 수업에 빠진다고 어지간히 구박을 하면서도 휴강 자주 하는 교수가 있는가 하면, 일하면

자신의 평판보다는 성품에 더 많은 관심을 가져라.
평판은 사람들이 생각하는 당신이지만,
성품은 진짜 당신이다.
– 데일 카네기

서 공부하는 것이 힘들겠다고 격려해 주는 교수도 있고, 이론적인 것을 경영 현장에서 적용할 수 있도록 쉽게 가르쳐 주는 교수도 있었다. 그야말로 사장님들보다도 더 개성들이 강한 교수들 틈에서 학문적인 것 이외에도 배운 것이 참으로 많았다는 얘기다.

배움 중에서도 으뜸은 '사람은 품성이 좋아야 한다'라는 사실이다. 가르치고 배우는 행위 이전에 좋은 품성은 가까이 있기만 해도 전이된다는 사실을 새삼 깨닫게 되었다. 좋은 품성의 교수들이 가르치면 그 어떤 강의보다도 귀에 쏙쏙 잘 들어왔으니 말이다.

그런 점에서 채퍼럴 제철소(Chaparral Steel)의 부사장인 데니스 비치(Dennis Beach)의 얘기는 귀담아 들을 만하다. 그는 사람을 뽑을 때 직접 면담을 하여 팀플레이를 할 줄 아는 사람, 성취 의욕이 높은 사람, 지속적으로 공부하는 사람을 뽑는다고 한다. 엔지니어와 회계사를 뽑을 때만 학력을 검토한다나…….

다시 말해서 품성 좋은 사람을 선발한다는 얘기다. 배움에 끝이 없다면, 무엇이든 배울 자세가 되어 있는 품성 좋은 사람이 기업의 귀한 재산인 것은 분명하다.

학벌보다는 능력

보통 '경영자'라고 하면 많은 전문 지식을 가지고 있거나, 나이가 지긋이 들어 경험이 많은 사람이라고 생각하기 쉽다. 하지만 중소기업의 경영자 중에는 대학에서 공부를 하지 않고도 회사를 잘 이끌어 가는 분들이 적지 않다.

전문적인 지식과 능력을 갖고 있지 않아도 기업 관리가 가능한 경우는 얼마든지 있다. 일선에서는 단순한 경험이나 직감력이 훨씬 설득력 있고 효과를 발휘하는 예가 적지 않음을 수없이 많이 보아 왔다. 그렇다고 중소기업의 사장이 무식해도 된다는 얘기는 아니다.

중소기업의 경영자는 경영자이기 이전에 영업사원이 되어야 한다. 그렇기 때문에 중요한 거래처는 직접 챙기는 일이 많다.

언젠가 한 거래처에서 우리 회사의 물건을 쓰겠다고 연락이 왔다. 당시 회사 사정으로 볼 때 큰 거래처가 될 가능성이 높은 곳이었다. 부랴부랴 서류를 챙겨 들고 회사를 나섰다. 그때가 30대 중반으로, 회사를 시작한지 일 년쯤 지났을 때일 것이다.

헐레벌떡 달려가서 문을 두드리고 들어섰다. 스무 살 조금 넘어 보이는 여사원이 '누구세요?' 하며 쳐다보기에, 명함을 주면서 어디서 왔노라고 대답했다. 그러면서 사전에 연락이 되어 사장님을 뵙겠다고 하니, 앉으라는 말도 없이 또 물었다. 누구시냐고……. 명함을 자세히 보지도 않는 것 같았다. 다시 회사 이름과 직함을 댔다. 여전히

인생의 커다란 기쁨 중 하나는 대부분의 사람들이
불가능하다고 말하는 것을 하는 것이다.
- 월터 배젓

그대로 세워 놓고, 다른 직원들을 휙 돌아보면서 '사장이래' 하고 들릴락 말락 한 소리로 수군거렸다. 아무래도 상대방의 나이나 성별을 기본으로 해서 자의적으로 사람을 판단한다는 느낌이 들었다.

이런 과정을 거쳐 거래를 성사시키고 나니, 처음에 부딪혔던 그 직원 생각이 났다. 중소기업을 운영하는 경영자로서의 입장이 같을 거라는 생각도 들어, 손님이 오면 먼저 앉으라고 권해야 하는 것이 아니냐고 농담 투로 말했다. 물론 나로서는 뼈 있는 얘기였지만, 상대편도 중소기업 사장으로서 당한 경험이 있을 거라는 동지 의식이 작용한 것도 사실이다. 그런데 그쪽 사장님의 답변은 참으로 의외였다.

"그 직원은 대학 나와서 일 잘해요."

대학을 나오면 당연히 예의가 있다는 것인지, 참견하지 말라는 것인지 잘 분간이 되지 않았다. 나 같으면 "아이고 죄송합니다. 잘 가르치겠습니다"고 하며 웃었을 텐데.

그 후로 얼마 동안 거래를 했고, 어느 날 거래가 끊겼다. 그 회사가 문을 닫았기 때문에.

특히 중소기업에는 학벌보다 능력이 더 중요하다고 믿는 것이 지나친 것인지 모르겠다.

경영자의 사회적 책임

요즘처럼 기업의 사회적 책임이 강조되는 때가 없는 것 같다. 기업의 사회적 책임이 강조된다는 것은 경영자에게는 한 가지 스트레스가 추가되는 일임이 분명하다.

그러나 한편으론, 사회적 책임이라는 말에 그렇게 스트레스를 받을 필요는 없다는 생각도 든다. 조그만 회사지만 지점의 사장도 있고, 이사도 있고 중요 업무를 담당하는 부장들도 있고 과장, 대리도 있다. 험한 일을 해야 하는 공장의 직원도 있다. 이들을 통솔하고 함께 회사를 꾸려 나가는 일 자체가 경영자의 사회적 책임이니까 말이다.

주주에게도 출자에 대한 이익을 보장해 주어야 하고, 세금도 내야 한다. 소비자들은 항상 좋은 물건을 저렴한 가격으로 공급받기를 원한다. 이들이 서로 충돌하지 않도록 신경을 쓴다. 출자자는 보다 많은 배당을 원하고 정부는 세금 한 푼 깎아주지 않는다. 저렴하게 공급하다 보면 이익이 남지 않아 종업원들 월급 줄 형편도 되지 않는다.

하지만 이런저런 것들을 조정하여 경영을 잘해 나가고, 새로운 일자리를 창출하는 것이 기업을 이끌어 가는 경영인의 사회적 책임이 아닐까 싶다.

그런데 기업에 대해 지나치게 사회적 책임을 요구하다 보면 오히려 기업의 활동이 위축되지 않을까 하는 염려도 생긴다.

직원들에게 인간적으로 만족할 수 있는 복지 제도를 도입하다 보

사업을 할 바엔 세상을 위해,
다른 사람에게 도움이 되는 큰 일을 하라.
– 마쓰나가 야스자에몬

면 많은 비용이 소요된다. 직원들에게 만족감을 주는 것도 좋지만, 현실적으로는 급여를 올려주는 것이 바람직하다는 생각이 들기도 한다. 또한 농촌 일손 돕기나 그 밖의 여러 프로그램을 통해 지역사회에 봉사할 수 있는 기회를 자주 가져야 하지만, 현재 운용되는 프로그램들을 보면 형식적이라는 느낌이 지워지질 않는다.

그런 의미에서 볼 때 기업을 유지·발전시키고, 기업에 직접적·간접적으로 관계가 있는 사람들의 이해를 잘 조정하여 그들이 원만하게 살아갈 수 있도록 일조를 하는 일이야말로 경영자가 지어야 할 가장 큰 사회적 책임이 아닐까 싶다.

만약에 경영자가 사회적 책임을 다해야 한다는 미명 아래 남에게 보이기 위한 행위를 거창하게 하면서 기업의 이익 창출을 위해 편법을 쓰거나 정치적인 행위를 하는 기업이 있다면, 이를 우리는 경계해야 할 것이다.

이것은 우리가 꿈꾸는 우리나라의 미래도 아니고, 기업의 참모습도 아닐 것이기 때문이다.

청년들에게 바라는 기업가 정신

요즈음 전국적으로 대학생들을 중심으로 하는 청년들에게 기업가 정신을 가르치기 위한 행사가 봇물을 이루고 있다.

앞으로 미래의 대한민국을 이끌어나갈 청년들에게 도전 정신, 혁신적 마인드, 개척 정신, 실천 정신, 헌신과 봉사, 희망 등의 메시지가 담긴 기업가 정신을 가르친다는 것은 이미 기업을 운영해 오고 있는 기업인들로서도 매우 바람직하고 반가운 일로 다가온다.

사실 계속되는 경기 불황의 여파로 인해 기업인들의 사기가 한없이 추락하고 있는데, 청년들에게 기업 마인드를 가르치는 기회를 통해 열정을 회복하여 기업가 정신을 다시 한 번 되살릴 수 있다면 얼마나 좋을까 하는 생각도 감추고 싶지 않다.

정부 당국도 대학과 중소기업청 등 관계 기관들이 공동으로 주관하는 창업 로드쇼를 전국적으로 개최하여 이런 흐름을 뒷받침하고 있다고 하니, 이 역시 반가운 일이 아닐 수 없다.

잘 알다시피 우리나라는 지난 70년대 이후부터 급속한 경제 성장을 이루어 왔다. 그러나 근래 와서 산업화를 명분으로 한 성장 위주의 정책 추진 결과, 빈부 격차가 심화되고 부정부패가 만연되어 국가 사회가 홍역을 치르고 있다.

그런 영향 탓인지 기업인을 부정과 부패의 상징처럼 여기는 기이한 분위기가 형성되었음을 부인하기 힘들다.

삶을 변화시키려면 지금 당장 시작하라.
이유나 변명을 달지 말고 정열적으로 삶을 살아라.
- 윌리엄 제임스

따라서 기업가들의 긍정적인 측면, 즉 국가 경제 발전을 위해 매진하는 기업인들의 도전 정신을 청년들에게 올바로 가르치지 않는다면 국가 경제는 물론이고 사회 전체의 장래가 어두울 수밖에 없다는 생각이 지워지지 않는다.

청년은 우리의 미래를 이끌어갈 주체이다. 물론 경제 분야에서도 예외는 아니다.

침체된 경기를 살려 국가의 활력을 회복하고, 국가의 미래를 보장받기 위해서라도 그들에게 도전 정신과 실천 정신을 가르치는 일을 가볍게 생각해서는 안 된다.

우리가 그들을 어떻게 가르치느냐에 따라 국가의 흥망성쇠가 좌우된다고 해도 과언이 아니기 때문이다.

그러나 그들을 가르치기에 앞서, 그들에게 모범을 보이는 기업인이 되는 것이 먼저라는 생각이 들어 마음이 무겁다.

기업인의 한 사람으로서 진정한 기업가 정신으로 무장된 청년들이 쏟아져 나오기를 간절히 소망한다.

경영자의 생일

대개의 경우 누구나 생일을 맞으면 가족이나 친지, 직장 동료나 친구들이 축하해 준다. 케이크를 준비하고 여러 가지 음식을 준비해 생일잔치를 열어 주기도 한다.

그러나 경영자의 생일은 그렇지 않다. 미역국 한 그릇이라도 얻어먹으면 감지덕지하지만, 회사에 중요하거나 급한 볼일이 있으면 그나마도 어렵다.

내 경우는 항상 회사 일이 먼저라고 생각하다 보니, 가족이나 친지를 불러 식사를 같이 해본 것도 까마득한 옛일이 되었다. 주민등록번호를 알고 있는 카드사나 거래처에서 축하 메시지가 와야 비로소 생일인 것을 알게 되는 경우가 허다하다. 그것도 주민등록번호에 나타난 생일(양력)로 보내주니, 사실은 축하받을 당일도 아니지만 말이다.

그래도 가까운 거래처의 사장님들은 어떻게 알았는지 꽃을 보내 주기도 하고 선물을 보내 주기도 한다. 관심을 가져 주는 사람들에게는 고맙지만, 한편으론 부담도 된다. 첫돌이나 회갑, 칠순이 아닌 평소 때의 생일에는 그저 가족들과 대화를 하면서 여유 있게 식사하는 시간을 가질 수 있다면 그것이 가장 큰 행복이 아닐까 싶다.

생일이 되면 여러 가지 좋은 말들을 전해 오는데, 그중에서도 건강하라는 말과 사업 잘되라는 말이 가장 듣기 좋다.

그런데 이상한 것은, 꼭 챙겨줄 만한 사람이 생일을 몰라주면 엄청

'재(財)테크'보다, '재(才)테크'를 지향하라.

– 나카지마 다카시

나게 서운하다. 그럴 땐 일부러 말을 하지 않고 있다가 생일이 지나서야 말해 준다. 상대가 민망하고 무안해 하며 한동안 쩔쩔매게 하고 싶을 때 써먹는 것이다. 장난이지만 즐거운 일이다.

생일하면 탄생석이 떠오른다. 탄생석(誕生石, birthstone)은 사람이 태어난 달과 특정한 보석을 관련지어 지은 것인데, 보석마다 내포하는 의미가 모두 다르다. 사람들이 오랜 세월을 두고 무언의 합의를 한 것이어서인지, 탄생석에 내포된 의미가 어쩐지 마음에 와 닿는다.

보석에 담긴 의미를 살펴보다 보니 이런 생각이 들었다. 앞으로 다른 사람들의 생일에 보석을 선물할 정도로 돈을 번다면, 성실을 상징한다고 하는 2월석 자수정을 직원들에게 하나씩 주고 싶다. 가족들에게는 에메랄드(사랑)와 진주(건강)를 주고, 여유가 있다면 나는 사파이어(지혜)와 루비(열정)를 하나씩 갖고 싶다. 요즘같이 어려운 때, 기업을 잘 유지하고 발전시키는 데에 '지혜'와 '열정'보다 더 필요한 것이 있을까 싶은 마음에서 비롯된 것일 게다.

경영자의 2세 교육

어떤 나라를 막론하고 미래를 짊어지고 나갈 아이들의 교육에 대해서는 정부가 투자를 아끼지 않는다. 이른바 공교육이라 불리는 학교 교육에 온 힘을 쏟는다는 말이다.

그러나 어디 공교육뿐인가. 국토가 좁고 인구가 많은 우리나라에서는 경쟁에서 이기기 위해 사교육을 받는 아이들이 점점 늘어나고 있다 보니 그 부작용이 만만치 않을 뿐 아니라, 사회 문제까지 되고 있는 실정이다. 소위 말하는 일류 대학을 나와야 성공할 수 있다는 그릇된 교육관이 어느새 우리 사회에 자리 잡다 보니, 부모들은 많은 비용이 드는데도 불구하고 학교 수업이 끝난 아이들을 사교육의 시장으로 몰아가고 있기 때문이다.

그러나 사교육에 대해 왈가왈부하기 이전에, 아이들에게 무엇보다도 필요한 것은 제대로 된 가정교육이라고 생각한다. 세계적으로 자식을 잘 기르는 것으로 정평이 난 유대인들도 가정교육을 매우 중시한다고 하지 않는가.

아이들의 삶에 필요한 가장 기초적인 품성과 능력은 가정교육에서 만들어지는 것이라는 생각에 전적으로 동의한다. 그것이 얼마나 중요한지를 절실하게 체험하면서 살고 있기 때문에 일생 동안 살아가는 데 필요한 기초 공사에 더욱 정성을 쏟아야 한다는 생각이다.

하지만 항상 아쉬운 것이 아이들의 교육 문제이다. 바쁘다는 이유

어린이를 불행하게 하는 가장 확실한 방법은 언제든지,
무엇이건 잡히는 대로 손에 넣을 수 있게 내버려두는 것이다.
- 장 자크 루소

로, 피곤하다는 이유로 섬세하게 살펴주지 못하여 혹시 잘못되면 어떻게 하나 하는 불안감이 떨쳐지지 않는다. 기업을 하는 이유가 어찌 보면 가족들이 행복하게 잘살기 위한 것일 텐데, 기업이 커지고 발전할수록 가족들과 멀리 떨어지게 되니 모든 것을 다 갖춘 행복이란 애초부터 불가능한 일인지도 모른다는 생각이 들기도 한다.

다행히 지금까지는 별 탈 없이 공부도 열심히 하고 건강도 하여 더 바랄 것이 없지만, 그래도 항상 다른 아이들에 비해 부모의 손길이 덜 가는 것 같아 미안한 마음뿐이다.

그런데 요즈음은 한 가지 고민이 생겼다. 큰아이가 대학에 가고 나니 여기저기서 '자동차를 사 주어야 한다', '안 된다' 등으로 말들이 많다. 학교가 멀고 짐이 많아 때로는 필요한 것 같기도 하지만, 혹시 제 손으로 벌어서 사지 않는다면 교만한 마음이 들까 자못 걱정이다.

'물고기 한 마리를 주면 하루를 먹고살지만 물고기를 잡는 방법을 가르쳐 주면 평생을 먹고산다'는 유대인들의 격언을 떠올리다 보니, 이래저래 밖에서 시간을 많이 뺏기는 경영자는 자식 교육마저도 쉽지 않다는 생각이 들며 쓴웃음이 절로 지어진다.

경영권 세습

부모가 자식을 귀여워하는 것은 인지상정으로, 재산이 있으면 당연히 자식들에게 물려주고 싶어 하는 사람이 적지 않은 것 같다. 하지만 부모가 자식에게 재산을 물려주는 것이 과연 좋은 일인가 하는 의문이 떨쳐지지 않는다.

자식을 위해 부모가 해줄 수 있는 최선의 일은 자식이 부모에게서 독립했을 때 이 세상을 잘 살아갈 수 있도록 실력을 길러 주는 것이라고 생각하기 때문이다.

부모에게서 재산을 물려받은 사람들이 제대로 재산을 유지하거나 키우는 일이 매우 드문 현실을 감안하면, 자식에게 물려주어야 할 으뜸가는 재산은 독립심이 아닌가 싶다.

회사가 성장하면서, 장차 회사를 이끌어 가면서 발전시켜 줄 사람이 누구일까를 생각할 때가 간혹 있다. 이른바 기업의 경영권에 관한 고민일 것이다.

우리나라의 많은 기업인들은 개인의 소유 재산은 물론이고 회사의 경영권도 세습한다. 평생을 바쳐 일해 온 회사를 자식들에게 물려주는 것은 어찌 보면 자연스러워 보이지만, 그것이 과연 옳은 일인지에 대해서는 논란의 여지가 적지 않다.

경영권의 세습이 자식을 위해서나 회사를 위해서 과연 좋은 일일까? 부모가 살아온 삶을 그대로 이어받아 보람을 느끼는 자식도 있을

일의 성공을 위하여 필요하다면
어떠한 조직도 개혁하고, 어떠한 방법도 폐기하고,
어떠한 이론도 포기할 각오가 되어 있어야 한다.
- H. 포드

수 있지만, 만약 다른 형태의 삶을 원한다면 부모의 가치관으로 자식의 평생을 속박하게 되는 것은 아닐는지…….

또한 자식들이 경영을 원하지 않는다면 물려받은 기업을 소중히 가꿀 확률은 지극히 낮다. 그렇게 되면 자식이 불행해지는 것은 물론이고, 회사도 불안해질 수밖에 없는 것이다. 자의반 타의반으로 경영권을 세습한 재벌 2세들 중 기업 경영에 성공한 사람보다는 실패한 사람이 더 많다는 것을 봐도 가볍게 지나칠 일은 아니라는 생각이 든다.

아직 한창 일할 나이라 속단할 수는 없지만, 나는 자식에 대한 귀여운 마음보다는 한평생을 바쳐온 기업을 우선시하기 때문인지 경영권 세습은 바람직하지 않다는 입장이다.

단지 자식들 중에서 기업을 경영하고 싶다는 희망을 가진 자식이 있다면, 그 자식이 전문 경영인으로서의 자질을 충분히 갖추기를 바라는 것이 솔직한 현재의 심정이다.

3부

자기혁신으로 승부하라

강이나 바다에 물고기가 떼를 지어 몰려오는
경우가 있는데,
기회가 찾아오는 것도 그와 같다.
물고기가 몰려올 때 그물을 만들기 시작하면
물고기는 이미 지나가고 만다.
물고기를 잡으려면
평소에 그물을 준비해놓아야 한다.
사업도 마찬가지다.
기회가 찾아오기 전에 준비하고 있어야
어떤 상황이 벌어지든 그 자리에서 망설임 없이
바로 행동할 수 있다.

– 이와사키 야타로

성공에는 이유가 있다

성공(成功)이란 말 그대로 목적하는 바를 이룬 상태를 말할 텐데, 성공하는 사람들을 보면 남이 모르는 이유가 있음을 알 수 있다.

그냥, 저절로, 아무것도 하지 않았는데 성공하는 경우는 없다는 것이다.

기업인이 성공했다는 말을 들으려면 회사의 자산 규모나 순이익, 매출액, 재무구조 같은 것들이 어느 정도의 수준에 이르러야 한다.

중소기업은 중소기업대로 대기업은 대기업대로 업종에 따라 판단하는 정도가 다르겠지만 말이다.

그러나 그런 외형적인 것들도 중요하지만, 기업의 목적은 뭐니 뭐니 해도 많은 이윤을 내는 데 있다고 생각한다. 물론 그 방법이 정당한 것이어야만 함은 두말할 나위가 없지만…….

사회적으로 명성을 얻거나 높은 지위에 오른 상태를 흔히 '출세'했다고 하는데, 개인적으로는 '출세'라는 말보다는 '성공'이라는 말이 더 기분 좋게 들린다.

'출세'라는 것은 왠지 알맹이보다는 겉으로 드러난 것을 자랑하는 듯한 느낌이 드는 반면, '성공'은 땀과 눈물을 바쳐 얻은 노력의 결실이라는 의미가 진하게 느껴지기 때문이 아닐까 싶다.

기업이건 개인이건 성공하는 데는 반드시 나름대로의 이유가 있는데, 공통적인 분모는 아마도 '노력'일 것이다.

다른 사람들이 볼 때는 아주 쉽게 보이는 일일지라도, 그 과정을 들여다보면 고통스러운 시간을 인내하면서 포기하지 않고 질주한 노력의 결과가 '성공'이란 결실로 나타난다는 것을 알 수 있다.

우리는 주변에서 성공한 사람들의 경험담을 통해, 그들이 어려운 상황을 어떻게 극복했는가에 대한 얘기를 자주 듣게 된다.

성공했다고 느끼는 순간 지난날의 힘든 상황을 얘기하고 싶은 마음도 있겠지만, 대개는 듣고 싶어 하는 사람들의 성화에 못 이겨 인터뷰나 책을 통해 성공에 이르기까지의 과정을 털어놓는 경우가 적지 않기 때문이다.

이렇게 책이나 기사를 통해 유명해지는 사람도 있지만, 알려지지 않은 사람들 가운데도 성공적으로 삶을 이끄는 사람들이 적지 않다.

자신의 일에 최선을 다하면서 자신과 주변이 더불어서 행복해지는 삶의 방식으로 살아가는 사람들 말이다.

세상 사람이 알아주는 것이 '성공'이라고 한다면, 굳이 '성공'하려고 애쓸 필요가 있겠는가? 다만 힘들고 험한 길을 묵묵하게 걸어온 것을 알아주고, 오늘의 작은 성과를 마음으로 축하해 주면서, 앞으로

어떤 일이든 무엇인가가 이루어질 때에는
반드시 편집광적일 정도로 사명감에
불타는 인간이 있다는 사실을 알았다.
- 피터 드러커

도 계속 목적하는 바를 이루어 가기를 기도해 주는 몇 사람의 친구가 있다면…….

그렇다면 '성공해서 참 좋다'고 말할 수 있지 않을까.

자기 혁신

'혁신'이란 묵은 풍습이나 관습·조직·방법 등을 완전히 바꾸어서 새롭게 하는 것을 말한다. 그러나 그것이 말처럼 쉽지 않다는 것을 우리는 너무나 잘 알고 있다.

그래도 기업 혁신이나 경영 혁신은 쉬운 편이다. 시스템을 바꾸어 주면 너도나도 바뀔 수밖에 없으니 말이다. 그렇기에 최고경영자의 의지가 기업 혁신을 좌우한다고 하지 않는가.

직원들도 새로운 제도나 조직에 순응해야 하니, 그런대로 혁신이 가능하다. 그러나 정작 어려운 것은 자기 혁신이다.

타의에 의하지 아니하고 자기 스스로를 새롭게 바꾼다는 것은 혁명과도 같은 일이다.

그렇다면 혁명이 무엇인가? 이전 것을 완전히 부정하는 일이다. 말이 쉬워 자기 혁신이지, 타고난 성격과 행동 양식, 사고방식을 어떻게 바꿀 수 있겠는가?

주변을 돌아보면 몸에 나쁘다는 담배 하나도 쉽게 끊지 못하는 사람이 부지기수다. 자기 자신의 건강을 해치는 담배를 끊는 일조차도 보통의 의지나 노력으로 실천하지 못하는 게 사람인데, 하물며 자기 스스로가 자기를 평가하고 개선하는 것을 어찌 하겠는가. 웬만큼 대단한 결심을 하지 않고서는 할 수 없는 일이다.

자기 혁신을 위해서 가장 먼저 해야 할 일은 우선 냉철한 자기 평가

현명한 사람은 자기가 발견하는 것보다
더 많은 기회를 만들려고 한다.
– 프랜시스 베이컨

이다. 그러기 위해서는 자신의 현재 처지와 문제점을 정확히 파악해야 한다.

만약에 스스로가 현재의 상태에 만족하고 있다면, 자기 혁신은 아무 의미가 없다. 스스로 추구하는 목표가 있어야만 혁신이 가능한 것이다. 체중이 많이 나가 줄이려고 한다면, 체중을 줄이기 위한 프로그램이 필요하다. 체중을 줄이고자 하는 목표가 없다면, 아무리 좋은 프로그램이라고 한들 무슨 소용이 있겠는가.

자기 평가 후에 자기 혁신 목표를 설정하면 자기 혁신 프로그램을 수립해야 한다. 그런 다음 목표를 달성하기 위한 구체적인 행동 계획을 세우고 이를 실천해야 한다. 식사량과 근무 시간, 운동량 등을 잘 배합해야만 건강을 손상하지 않으면서 체중을 줄일 수 있는 것이다. 필요하다면 전문가의 도움을 받는 것도 고려해 보아야 한다.

자기 혁신의 마지막은 개선된 상태를 유지하는 일이다. 체중 감량을 예로 들었지만, 조금만 방심하면 원위치가 되는 것은 시간문제이다.

마찬가지로 엄격한 자기 관리가 없으면 자기 혁신은 실패로 귀결되고 만다. 자기 혁신은 결국 나태한 자기 자신과의 싸움이다.

신용이 돈이다

누가 무어라 해도 기업은 돈을 버는 것이 본연의 임무이다.

본연의 임무인 돈을 벌려면 직원들과 고객에게 해야 할 일이 무수히 많다. 거기에다 환경 문제를 비롯한 사회적 역할과 책임까지 고려하다 보면 경영자는 완전히 슈퍼맨이 되어야 한다.

그런데 주변에 잘 나가던 슈퍼맨 같은 사장들도 경기가 힘들어지니 상당히 어려운가 보다. 겉으로 보기에 멀쩡했던 기업들이 여기저기서 쓰러지거나 비명 소리가 요란하니 말이다.

십 년 넘게 경영을 하면서 자연스럽게 터득한 것은, 기업이 부도가 나서 도산하는 데는 몇 가지 공통된 이유가 있다는 것이다.

물론 도산하는 기업의 경영자나 회계 담당자는 정확한 이유를 당연히 알고 있겠지만, 겉보기에도 냄새가 난다는 말이다.

우선, 미안한 표현이지만 경영자의 겉치레가 심해진다. 골프 회원권 가격에 관심이 많다거나, 일주일에 몇 번씩 골프를 치러 나간다. 타고 다니는 자동차에도 지나치다 싶을 정도로 신경을 쓴다.

가끔 대화를 하다 보면 중소기업 사장이 저렇게 여유를 부려도 되나 싶을 정도다. 정말 잘 나가고 있어서 그럴 거라고 생각도 하지만 어쩐지 불안하기만 하다.

겉치레는 여기에서 그치지 않는다. 매출액이 갑자기 늘어나고 이익이 커지면, 아무 두려움 없이 은행 돈, 국가 돈 가리지 않고 가져다

오늘날 경험을 통해 배우는 것은 너무나 비싸다.
다른 사람의 경험으로부터 배운다면
훨씬 빠를 뿐만 아니라 비용도 적게 든다.
- 로버트 몽고메리

쓴다.

그러고 나면 슬슬 신용이 떨어지는 소리가 들린다. 신용이 떨어진다는 것은 거래상의 믿음이 없어졌다는 말이다. 대금 결제 기일을 정확히 지키지 않는다든지, 조금 남아 있는 대금을 모르는 척 갚지 않는다든지…….

어느 날부터 K 사장이 연락이 잘 안 된다고 한다. 곧 K 사장이 잠적했다는 소식이 들려온다. K 사장은 얼마 전 우리 회사 돈 몇백만 원도 잘라 먹고 모른 척했다. 그리고 이어서 부도요, 정리라는 말이 들린다.

그 회사의 장부를 굳이 보지 않아도, 이젠 사장이 하는 소리만 들어도 진짜로 믿을 만한 회사인지 아닌지 알 수 있다. 사장이 골프를 일주일에 몇 번을 치는지만 봐도 그 회사의 미래를 짐작할 수 있다. 사장의 자동차나 소유하고 있는 회원권만 봐도 그 회사가 비전이 있는 회사인지 아닌지 가늠할 수 있다.

이런 얘기는 다른 사람에게만 해당되는 것이 아니란 것도 잘 알고 있고, 신용이 곧 돈이라는 것도 잘 알고 있다.

'적당히'가 없어져야 한다

문화란 사전적으로는 지식·신념·행위의 총체로, 인류만이 가지는 속성이라고 한다. 그냥 생각이나 행동 양식, 생활양식이라 해도 무방할 것 같다.

물질적인 것을 '문명'이라 하고 정신적인 것을 '문화'라고 한다는데, 그것을 쉽게 분리하여 설명할 수 있는지에 대해서는 의문이 간다.

아무튼 간에 문화라는 것이 나라마다 다르다는 것은, 사람의 생각과 행동방식 그리고 그 나라의 문화를 형성해 나가는 바탕이 나라마다 다르다는 얘기일 것이다.

음식 문화만 해도 그렇지 않은가. 나라마다 다른 것은 물론이고, 한 나라 안에서도 지역마다 다르다. 회사 일로 출장을 가면 그 지역 사람들과 어울려 식사를 하는 경우가 많은데, 바닷가에 인접한 지역에서는 해산물이 주종을 이룬다. 내륙지방에서는 채소나 나물 종류의 음식을 많이 먹게 되는데, 이처럼 음식은 그 지역의 특성과 무관하지 않고 인심 또한 그렇다.

이처럼 어떤 문화든지 그러한 문화가 존재하게 된 근본 이유가 있다는 말이다.

우리 사회에 만연되어 있는 것 가운데 '빨리빨리' 문화라는 것이 있다. 정말 가난하던 시절에, 가진 것이라고는 몸밖에 없는 사람들은 살아남기 위해서 부지런히 움직일 수밖에 없었다. 그야말로 '시테크'를

소비자의 감각을 잊거나 가볍게
여기는 데서 기업의 '타락'이 시작되는 것이다.
- 오보시 코지

온 국민이 몸으로 실천한 셈이다.

그런데 '빨리빨리'가 '적당히'로 둔갑되고 있으니 큰일이다. '적당히'라는 것이 경우에 따라서는 융통성이 있는 행위로 보이기도 하지만, 이런 사고방식 때문에 거래를 망치기도 하고 회사 문을 닫게도 하는 무서운 말이라는 것을 간과해서는 안 되는데 말이다.

특히 돈 계산에 '적당히' 문화가 만연되어 있는 것은 좋지 않다. 예를 들면, 강연 요청을 하면서도 강사료에 대해 얘기하지 않는 경우가 허다하다. 마치 묻지 않는 것이 마치 예의라도 되는 것 같은 분위기다.

강연을 나가게 되면 당연히 원가가 발생한다. 교통비에, 강연을 하기 위한 자료 준비에 시간을 소모한다. 또한 강연에 소모되는 시간만큼 다른 일을 하지 못하게 되는데도, '적당히' 하려 든다.

회사업무로 거래처를 방문했을 때에도 소기의 성과가 없다면 그 이유를 정확히 분석해야 한다. 물론, 거래처를 방문하는 데도 비용이 발생했기 때문이다.

'빨리빨리'에 '적당히'를 보태면 회사 문을 닫아야 한다는 결론이 나온다. 반면 '빨리빨리'에 '정확히'를 보태면 이미 반은 성공한 기업이 아닐는지.

편견이 비즈니스를 망친다

누구나 그렇지만, 특히 사람을 많이 대해야만 하는 기업인의 경우 편견은 금물이다.

남성이 여성에게, 여성이 남성에게 갖는 편견은 곤란하다. 서울 사람, 경상도 사람, 충청도 사람, 전라도 사람 등으로 부르는 지역적 편견도 옳지 않다. 학력에 따라 사람을 평가하는 편견도 버려야 한다. 사람에 대한 모든 것은 품성과 능력으로 평가되어야 하기 때문이다.

나라 안에서의 편견은 그나마 다행이다. 요즘처럼 세계 각처를 돌아다니면서 장사를 해야 하는 경우에 갖는 편견은 비즈니스를 망치게 하는 요인이 될 수 있다는 사실을 잊지 말아야 한다.

예를 들면 선진국에 사는 사람들, 이를테면 미국·일본·영국·프랑스인들은 모두가 선진화되어 있다고 생각하는 경우가 적지 않다. 하지만 그것 또한 편견이다. 그 나라에도 별의별 사람들이 다 모여서 살고 있기 때문이다.

한때 외국 사람이라고 하면 무조건 좋은 사람으로 착각하고 우러러 보거나 추종하는 사람들이 늘어서 있던 시절이 있었다. 그것 또한 편견에서 비롯된 행위라고 할 수 있다.

나라마다 인사하는 방법도 다르고 대화하는 방법도 다르다. 또한 입는 옷도 다르고, 사는 집도 다르며, 먹는 음식도 다르다.

프랑스에서는 달팽이 요리를 즐기지만, 우리나라에서는 거의 식용

편견을 버리는 데는 너무 늦다는 법이 없다.
- 소로

으로 쓰지 않는다. 일본 사람들은 말고기를 먹고, 중동 사람들은 양의 눈알을 먹는다고 한다. 또 쥐꼬리를 요리해 먹는 나라도 있다고 한다.

또한 서양 사람들은 개를 기르는 것을 즐긴다. 애완견이다. 그런데 우리나라에서는 먹는 음식 그것도 보양식으로 각광받고 있다.

이처럼 나라마다 독특한 음식 문화를 가지고 있는데, 이에 대해 시시비비를 가린다면 그것이야말로 편견인 것이다. 가능하면 상대가 싫어하는 일을 하지 않는 것이 예의 바른 행동이 아닐까 싶다.

특히 비즈니스 현장에서 편견을 버리는 일은 매우 중요하다. 편견은 이상할 정도로 상대의 기분을 상하게 할 수 있기 때문에 자칫하면 다 된 거래를 그르칠 수도 있다는 사실을 명심해야 한다.

서양 사람들은 선물을 받으면 그 자리에서 풀어 보지만, 동양권에서는 그것을 실례라고 여기기 때문에 제대로 쳐다보지도 않는다.

먼저 상내의 문화와 습관을 이해하고 존중하지 않으면 편견을 버리는 것이 쉽지 않다. 혹시 상대를 식사에 초대하는 경우에는 더더욱 그 사람이 속해 있는 나라의 문화나 식습관에 대해 섬세하게 신경을 써야 한다.

시테크가 중요하다

현대의 디지털 경제사회를 헤쳐나가야 하는 기업인들에게 요구되는 경영 기술이 너무나 많다. 그중에서도 '시테크'는 살아남기 위한 생존 기술 가운데 하나라고 생각한다.

서점에 들러 보면 '시테크'가 제목에 들어간 책이 넘쳐 난다. 디지털 경제시대의 핵심이 시간 활용이고, 스피드가 시간이고 돈이기 때문이다. 그런 의미에서 시간을 효과적으로 사용하기 위해서 구체적인 계획을 세워 관리하는 기술인 '시테크'야말로 현대인들이 지녀야 할 필수품이 아닐 수 없다.

많은 전문가들이 시간을 활용하는 기법을 개발하여 소개하고 있으며, 시테크가 본격적으로 국내에 소개된 것도 벌써 20년이 지났다. 전문가들이 권하지 않아도 기업은 시간을 경영의 중심에 두고 일해 온지 이미 오래다.

디지털 시대는 빠름의 문화를 더더욱 가속화시키고 있고, 아날로그의 여유로운 공간 개념과 넉넉함은 이미 과거의 것이 되었다. 디지털시계로도 양(量)의 개념을 지각하는 신세대가 각종 분야에서 두각을 나타내고 있는 것만 봐도 '시테크'의 중요성이 얼마나 큰지 알 수 있다.

시테크는 기업 생존의 기술이며, 변화하는 시대에 능동적으로 대처하기 위한 기법임이 분명하다. 따라서 눈에 보이지는 않지만 소중

승자는 시간을 관리하며 살고,
패자는 시간에 끌려 산다.
– J. 하비스

한 자원인 시간을 창조적으로 활용하는 경영전략을 도입해야 하는 것은 이 시대 기업가의 운명이기도 하다.

시간을 효율적으로 활용할 수 있는 몇 가지 방법을 소개해 본다.

우선 타임 스케줄의 작성이 시테크의 기본이다. 시간을 효율적으로 쓰기 위해서는 연간, 월간, 일간의 시간 이용 계획을 당연히 수립해야 한다. 그때그때 처리해야 할 일이 발생하기도 하지만, 사전에 예상된 시간표에 따라 움직인다면 그만큼 시간을 절약할 수 있다. 거래처나 은행을 방문하는 일도 계획적으로 해야 한다. 한 번에 해결할 수 있는 일을 깜박 잊어버리고 다시 가야 한다면 엄청난 시간의 낭비다.

또한 일의 우선순위를 체크해 두는 것도 시간을 절약하는 방법이다. 별로 중요하지도 않고 급하지도 않은 일을 먼저 처리한다면 다른 중요한 기회를 놓칠 수도 있다. 이른바 타이밍을 조절해야 하는 것이다.

무엇보다도 약속 시간을 잘 지키는 것이 시테크의 기본이다. 이미 정해진 일은 시간 안에 끝내고, 상대와 한 약속 시간도 정확히 지켜야 한다. 주문에 따른 배달 시간 약속, 생산 시간 약속, 거래처 사장과의 면담 약속을 지키는 것 등이 모두 시테크의 기본에 해당한다.

시간 약속을 잘 지키는 것만으로도 이미 절반의 시테크 경영전략에 성공한 것이라고 할 수 있지 않을까.

시간 낭비를 줄이는 법 - 1

세상은 정보화 사회를 지나 시간 창조의 사회로 가고 있다. 기술의 개발도 중요하지만 나아가 빠르게 기술을 개발하는 자만이 세상의 흐름을 주도할 수 있다.

기업의 목표가 돈을 버는 데 있다면, 경영자는 시간이 돈이라는 사실을 잊어서는 안 된다. 만약 직원들이 시간을 낭비하고 있다면 그것은 바로 돈이 새는 것과 다름없다는 것을 상기해야 한다.

세계적인 경영 전문지인 〈World Executive Digest〉가 비즈니스맨의 시간 낭비에 대해 분석하면서, 무려 20가지의 시간 낭비 요소와 그 원인을 밝히고 해결 방안을 제시했다. 거기에 소개된 내용 중에서 어떤 회사든지 손쉽게 시행할 수 있는 시간 관리 방법 몇 가지가 눈에 띄어 같이 생각해 보고자 한다.

일반적으로 회사에서 가장 많이 발생하는 시간 낭비는 업무의 중복에서 기인한다. 업무가 중복된다는 것은 업무의 한계가 명백하지 않다는 말이고, 결국 책임지는 사람이 없다는 얘기다. 따라서 시간 낭비는 물론이고, 직원들 간에 불화까지 생길 수 있는 요인이 된다. 따라서 업무에 관한 권한이나 책임이 중복되지 않는지를 면밀히 검토해 보고, 만일 그런 사실이 밝혀지면 즉각적으로 분리해 주라는 것이다.

또한 업무와 관련하여 회사를 방문하는 사람들이 많은 것은 바람직한 현상이지만, 그 숫자가 지나치게 많다면 체크가 필요하다고 한다.

인간은 항상 시간이 모자란다고 불평을
하면서 마치 시간이 무한정 있는 것처럼 행동한다.
– 세네카

업무상 방문하는 손님들은 대부분 사전에 약속을 하고 찾아온다. 그러나 사전에 예고 없이 들이닥치는 손님들이 간혹 있는데, 이들은 업무에 지장을 주는 경우가 적지 않다. 찾아오는 사람을 맞이하다 보면 할 일을 하지 못하고 뒤로 미루게 된다. 특히 경영자가 잡담을 오래하는 것은 회사 전체의 분위기를 어수선하게 할 수 있으므로 주의해야 한다. 가능하면 예정된 손님을 예정된 시간 안에 면담하는 습관을 기르는 것이 필요하지 않을까 싶다.

시간을 절약하기 위한 또 다른 방법은 직원들에게 회사 일의 우선순위나 중요성의 정도를 자주 인지시키는 것이다. 시간을 다투어 처리해야 할 일과 회사의 장래에 중차대하게 영향을 미칠 수 있는 일이 무엇인지를 직원들이 알고 있어야지 효율적으로 대처할 수 있다는 말이다. 자신이 하는 일이 얼마만큼 중요하고 급한 일인지를 모르고 있다면, 열심히 일하고도 효과를 거두지 못해 시간을 낭비하는 결과를 초래할 수도 있기 때문이다. 만약 테이블 위에 업무일지가 없는 직원이 있다면, 그 직원은 자신이 무슨 일을 했는지를 생각해 내는 것도 쉽지 않을지도 모른다.

시간은 마음만 먹으면 얼마든지 관리가 가능한 소중한 자원이다.

시간 낭비를 줄이는 법 - 2

시간은 눈에 보이지 않는다. 저장할 수도 없다. 쓰지 않아도 소모된다. 그래서 더욱 아껴 쓸 수밖에 없다. 그러나 사실은 더 이상 아끼고 싶어도 아낄 수 없고, 붙들고 싶어도 붙들 수 없는 것이 시간 아닌가.

결국 시간을 아껴서 쓴다는 얘기는 주어진 시간에 최선을 다해 많은 일을 한다는 의미일 것이다. 그러기 위해서 컴퓨터나 자동화 기술, 정보통신 기술 같은 것들의 도움을 받는다. 편지를 우체국을 통해 보내는 것보다는 이메일이 빠르고, 자전거보다는 자동차가 빠르니까 말이다.

하지만 이러한 첨단 기술을 이용하지는 않더라도 자신의 하루 일과표 정도는 있어야지, 허투루 소모되는 시간을 없앨 수 있지 않을까 싶다.

〈World Executive Digest〉에서 제시하고 있는 시간 낭비 줄이는 방법을 보면 우리나라 중소기업들에서 받아들이기에는 어려운 것이 적지 않다. 그러나 그중 몇 가지는 새겨둘 만하다.

그중 하나가 조직에서 많이 하고 있는 '회의'에 관한 것이다.

조직의 리더들은 회의 참석도 많이 하고 회의 소집도 많이 한다. 물론 '회의'라는 것이 불필요한 것이라는 얘기가 아니다. 반드시 필요하다. 하지만 너무 자주, 그것도 아주 비효율적인 방식으로 회의를 하고 있다는 것이다. 또한 회의의 목적이 무엇인지를 잊고, 회의를 위한 회

세월은 누구에게나 공평하게 주어진 자본이다.
이 자본을 잘 활용한 사람에겐 승리가 있다.
- 아뮤난드

의를 하는 경우도 허다하다는 말이다.

어떤 회사에서는 '회의'를 하고 있다는 핑계로 전화나 방문을 거절하기도 하고, 하고 있던 업무를 중단하기도 한다. 그뿐인가. 회의를 위한 자료를 준비하느라 본연의 업무보다도 더 부산하게 움직이는 사람도 있다.

그리고 대부분 회의 시간이 너무 길다. 주제가 분명하지 않거나, 그다지 모여서 논의할 만한 내용이 아닌데도 중언부언 얘기가 길어지는 경우가 적지 않다.

또한 모여서 의견을 주고받으며 의논하는 것이 아니라, 회의의 형태를 빌려 일방적으로 통보할 때는 정말이지 시간이 아깝다. 그런 회의라면 차라리 회식이나 단합대회라는 명목으로 모이면 기분이라도 가벼워지지 않을까?

그러니 아무리 경영자라 해도 회의에 참석하는 사람들의 시간에 대한 입장이나 심정을 읽고 계획적으로 회의를 소집해야 한다고 생각한다.

그리고 회사에서 일어나는 모든 업무에는 시간 절제가 있어야 한다. 아무리 업무와 관련하여 전화하는 것이라 해도 통화시간은 가급적 줄여야 한다. 같은 말을 반복적으로 하거나 잡담이 길어지면 내 시간을 낭비하는 것뿐 아니라, 상대방의 시간까지 낭비하는 것이다.

물론 비즈니스를 하다 보면 꼭 업무에 관한 얘기만 하는 것은 아니다. 그러나 회사 내에서 지나치게 늘어지는 전화를 하다 보면 타인의 업무에 지장을 줄 뿐 아니라 사무실 분위기까지도 흐려진다는 사실을 유념해야 한다.

마찬가지로 출장을 간다면 주도면밀하게 시간을 계획하고 성과를 체크해야 한다. 아무런 성과 없는 출장은 그야말로 시간을 거리에다 내다버린 것이나 다름없는 일이 아니겠는가.

〈World Executive Digest〉에서 분석한 내용을 보면, 사람이 시간을 낭비하는 행태는 동양이나 서양이나 크게 다르지 않은 것 같다. 그것은 동서양 문화의 차이에서 기인하는 것이라기보다는 인간의 본성에서 비롯된 일일 테니 말이다.

누가 뭐래도 시간 낭비의 가장 큰 원인은 지금 우리 앞에 놓인 시간이 얼마나 소중한 것인지를 모른다는 사실에 있지 않나 싶다.

흘러간 시간을 다시 돌이킬 수 없다는 사실만 잊지 않아도, 매 순간 최선을 다하는 삶을 살지 않을는지…….

즐거운 직장 만들기

어떤 회사가 좋은 회사인지 나쁜 회사인지는 사람마다 판단 기준이 다를 것이다.

급여가 많은 회사보다는 일이 적은 회사를 선호하는 이들도 있을 것이고, 급여는 적어도 인간적인 대우를 원하는 사람도 있을 것이다. 아니면 어떤 조건보다도 평생직장이 될 수 있는 곳인가를 우선적으로 생각하는 사람도 있을 것이다. 장래성이 있는 회사인지도 직장 선택의 변수가 될 수 있다.

그럼에도 불구하고 많은 사람들이 선호하는 회사는 일하는 것이 즐거운 회사일 것이다. 급여를 많이 줘서, 평생직장이 되어서, 인간적인 대우를 해줘서 좋은 회사일 수도 있지만 그 모든 경우에도 웃으면서 즐겁게 일할 수 있는 직장이라면 더더욱 좋은 회사라 생각할 것이다.

회사의 업무 처리를 하다 보면 본의 아니게 고함을 지르기도 하고 신경질을 내기도 한다. 지시한 일이 제대로 진행되지 않을 때면 거의 본능적으로 화를 내는 일도 생긴다. 그러다가 시간이 흘러 진정되면 야단맞은 당사자를 불러서 달래는 일도 다반사다. 세상이 무한 경쟁 시대인데, 세월아 네월아 하는 직원들을 가만히 두고 볼 수는 없지 않은가.

그래도 경영자라면 누구나 직원들은 물론이고 주변으로부터 저 회사는 참 좋은 회사라는 평가를 받고 싶다는 속마음을 감추기 힘들다.

어떻게 하면 일하는 것이 즐거운 회사로 만들까를 곰곰이 궁리하다가 사우스웨스트 항공(Southwest Airlines)을 떠올렸다.

언젠가 책에서 본 이야기를 메모해 놓은 것인데, 일리가 있다고 생각되었기 때문이다.

이 회사는 신입사원을 뽑을 때 동료 사원이 면접에 참여한다. 회사의 고위직 임원들이 할 일에 자신들이 참여하니 신이 날 수밖에.

회사마다 다르겠지만, 경영자가 반드시 의사 결정을 해야 하는 사안이 아니라면 사원들이 참여하여 의견을 모으는 것도 괜찮지 않을까 싶다.

또한 사우스웨스트 항공은 회장부터 유머를 즐기고 그 분위기가 회사 전체를 감돈다. 직원을 뽑을 때도 유머 감각을 본다고 한다.

그리고 가능하면 느슨한 복장으로 근무하는 것도 허용한다. 항공사의 특성상 엄격한 근무 환경에서 장시간 일을 하는 승무원이 많다 보니, 그들이 평소에 갖는 스트레스를 풀도록 하기 위함이다. 이떤 특정한 날에는 승무원들이 반바지와 운동화를 신고 일을 하는가 하면, 특이한 옷으로 차려입고 이벤트를 하기도 한다.

이것은 직원들을 위한 배려이기도 하지만, 고객을 위한 서비스 차원에서 나온 아이디어이기도 하다.

그렇게 한 결과, 친근하고 친절하다는 회사의 이미지가 생겨 회사

팀원들이 가지고 있는 재능과 장점에 감사하자.
팀워크란 바로 여기서 비롯된다.
– 존 G. 밀러

의 이익이 줄어든 것이 아니라 불황에도 끄떡없는 회사로 자리 잡아 많은 회사들이 벤치마킹하는 것은 물론이고, 획기적인 경영 사례로 손꼽히고 있다.

사우스웨스트 항공은 즐거운 직장 만들기의 핵심을 창의성과 유머 감각에 두었는데, 그렇다면 나는 즐거운 직장으로 만들기 위해 무엇을 해야 할까? 어떻게 하면 많은 사람들이 일하고 싶어 하는 회사로 만들 수 있을까?

아직 제대로 한 것이 거의 없지만, 이런 생각을 하게 되었다는 것 자체가 즐거운 직장 만들기의 첫걸음을 뗀 것이라고 생각하며 스스로를 위로해 본다.

직장에서의 에티켓

요즘은 20년이 넘는 조직생활에 지쳤는지 곧잘 피곤함을 느끼곤 한다. 작은 중소기업이긴 하지만, 그중 12년이 넘는 시간을 CEO로서 보냈으니 쉽지 않은 탓일 게다.

공장을 돌고 간부 직원들과 회사 일을 상의하고 나면 어느새 하루해가 진다. 많은 직원들이 회사를 거쳐 갔고, 창업 때부터 일해 온 몇몇은 가족보다 가까운 사람들이다.

그런데 직장 생활의 피로는 과중한 업무 탓도 있겠지만 사람들에게 부대끼는 데서 오는 것이 보다 큰 것 같다.

직장 생활 초년에는 잘 몰랐지만, 직장 생활이 계속될수록 직장에서 에티켓을 지키는 것이 업무의 효율성도 높이고 사람에게서 받을 수 있는 스트레스도 줄일 수 있다는 생각이 든다.

그래서 앞으로 직장 생활을 하게 될 젊은이들은 물론이고, 현재 직장에 다니고 있는 사람들 그리고 CEO들도 한 번쯤은 되새겨 봤으면 하는 마음에서 직장에서의 에티켓에 대해 생각해 본다.

우선 가장 기본적인 것은, 지위고하를 막론하고 서로가 인간적으로 존중해야 한다는 것이다. 상대편의 지위가 높은 데 대한 반감이나 편견도 금물이지만, 상대편이 부하라 해서 개인적인 프라이버시를 건드리는 것 또한 있어서는 안 될 일이다. 회사일이 아닌데도 참견하거나 충고하려 든다면 존경은커녕 도리어 반감만 살 뿐이다.

성공하고 싶다면 에티켓부터 배워라

– 페기 & 피터 포스트

또한 윗사람은 건설적인 비판에 귀 기울여야 한다. 바른 말을 듣기 싫어한다면 얼마 안 가서 왜곡된 정보를 근거로 의사 결정을 하고 있는 자신을 발견하게 될 것이다.

그리고 참으로 실천하기 힘든 일인지는 모르지만, 업무상의 지적이나 지도가 아니라면 제3자를 험담하는 일은 물론이고 그런 자리를 피해야 한다. 꼭 필요하다면 험담보다는 잘못한 점이 무엇이고 다시 잘못하지 않으려면 개선할 점이 무엇인지를 정확히 알려주는 것이 옳은 처사다.

아울러 직장에서 함부로 기밀을 누출해서는 안 된다. 업무상의 비밀은 물론이고 동료나 상사의 개인적인 이야기를 농담 삼아 하는 것도 곤란하다.

또한 칭찬받을 일이 있으면 반드시 나누어 가져야 한다. 회사는 혼자 일하는 것이 아니기 때문이다. 누군가의 도움이 있었다면 반드시 고마움을 그와 함께 나누어야 한다.

끝으로 약속을 잘 지키는 것이 최고의 에티켓이라는 점을 말하고 싶다. 일에 대한 약속은 물론이고, 시간 약속만 잘 지켜도 이미 절반은 성공한 직장인이 된다는 것이다.

첫인상 가꾸기

직장 생활의 대부분은 사람을 만나는 것으로 채워지는데, 보통의 만남에서는 첫인상이 그 사람을 좌우한다고 해도 과언이 아니다.

첫인상은 사람을 마주하고 나서 대략 1분 이내에 결정된다고 한다. 그러니 만큼 상대에게 좋은 첫인상을 심어 주는 것이 결코 만만한 일은 아니다. 하지만 첫인상만 보고 거래 의사 결정을 하는 경우가 많다고 하니, 첫인상을 가꾸는 노력을 하지 않을 수도 없는 노릇이다.

정말 운이 없을 경우를 제외하고는 어떤 일이든지 노력해서 안 되는 경우는 드물다. 그렇기에 사람을 많이 만나야 하는 사람은 첫인상을 가꾸는 노력도 기필코 해야 하는 것이다.

첫인상으로 의사 결정을 한다는 얘기는 진실과 사실 여부를 떠나서 감성적 이미지로 상대를 판단한다는 의미라고 생각되어, 개인적으로는 별로 권하고 싶은 의사 결정 방법이 아니다.

하지만 만남의 기회가 자주 오는 것도 아니고, 우연히 이루어지는 일이나 순식간에 결정해야 하는 일이 많다 보니 상대에게 좋은 첫인상을 심어 주기 위한 노력을 하지 않을 수가 없는 것이다.

첫인상이 사회생활이나 직장 생활에 아주 민감하게 작용한다는 것을 인정한다면, 우선 첫인상을 결정짓는 요소들에 대해 생각해 봐야 한다. 결국 이들 요소들을 잘 관리하는 것이 첫인상을 잘 가꾸는 일이 될 테니 말이다.

그 구체적인 기준이 무엇이든
첫인상은 순식간에 결정되어
기준에 맞지 않는 사람을 모두 걸러 낸다.
- 케빈 호건

전문가들의 견해를 빌리면, 첫인상은 90% 이상이 시각적 요소와 청각적 요소에 의해 영향을 받는다고 한다. 앞서 말한 것처럼 진실과 사실에 입각해서 판단하기보다는 감각적인 요소에 의해 지배되는 것이 첫인상이라는 것이다.

즉 얼굴 생김새나 표정, 동작이나 태도, 체형, 단정한 의상, 음성, 말투, 목소리의 강약이나 고저 같은 것이 첫인상을 결정하는 것이다. 심지어는 상대방이 어떤 종류의 옷을 입고 있는지, 브랜드가 무엇인지도 순식간에 체크하게 된다. 상대편이 타고 온 차의 종류와 상태에 따라서도 상대에 대한 이미지를 느끼게 된다는 것이다.

또한 가벼운 미소와 밝은 표정 짓기, 상대의 눈을 호의적으로 마주하기, 또렷또렷하게 말하기, 바른 자세 취하기, 자신의 능력에 맞는 자동차와 의상 갖추기는 좋은 첫인상을 판단하는 기본으로, 보는 사람의 기분을 좋게 하고 좋은 느낌을 주는 것은 분명하다.

그러나 겉으로 드러난 것만 가지고 사람을 판단할 때 따르는 위험을 간과해서는 안 된다. 정말로 사람을 잘 판단하기 위해서는, 보이지 않는 내면을 읽는 눈까지 갖추어야 하지 않을까 싶다. 그리고 사람을 판단하는 기본은 마음에 담긴 '진심'이어야 하지 않을까…….

이미지 업그레이드

비즈니스를 하거나 일상생활 중에 사람들을 만나고 나면 상대에 대하여 평가를 하게 된다. 이러한 평가는 처음 만나는 사람일 경우에 더 많이 하게 되고, 일단 평가가 끝나면 웬만해서는 처음의 평가가 쉽게 바뀌지 않는다. 그렇기 때문에 첫인상이나 첫 거래가 중요해질 수밖에 없는 것이다.

경우에 따라서는 첫인상 내지는 처음 이미지가 상대에 대한 평가의 전부가 되기도 한다. 심지어는 상대를 보지도 않고 가까운 사람으로부터 들은 이야기로 평가하는 경우도 있다. 내가 이렇다면 상대방도 그럴 수밖에 없지 않을까? 그래서 이미지를 업그레이드해야 할 필요성이 있다고 본다.

처음 만나서 단지 몇 분, 몇 시간 만에 평가를 받는다는 것은 결코 유쾌한 일이 못 된다. 사람의 단면만을 보고 그 사람의 모든 것을 평가하는데 기분 좋을 사람이 어디 있겠는가. 그렇더라도 현실적으로 처음의 이미지를 가지고 평가받을 수밖에 없다면, 평소 자신의 이미지를 업그레이드시키지 않을 수 없는 것이다.

상대에게 좋은 이미지를 주려면 당연히 상식적인 사고를 가지고 있어야 한다. 또 상대방에 대한 배려도 잊지 말아야 한다. 그런데 그러한 것들을 갖추고 있어도 누구에게나 통용되는 기본적인 매너를 모르고 있다면 좋은 이미지를 주는 것이 힘들어진다.

단순히 고객을 만드는 데 그치지 말고
친구를 만드는 데 초점을 맞춰야 한다.
- 수잔 쇼 산토로

이미지를 업그레이드하기 위한 첫걸음은 테이블 매너이다. 양식을 먹는 경우 나이프와 포크, 스푼 등을 사용하는 방법을 정확하게 배워두는 것도 중요하다. 하지만 접시를 재떨이로 사용한다면 어떻겠는가. 이는 한식의 경우에도 마찬가지이다. 그런 사소한 행위 하나하나가 상대방을 무시하고 있다고 생각하게 만들거나 몰상식한 사람이라고 판단할 수 있는 근거가 될 수 있음을 잊지 말아야 할 것이다.

식사 중에 담배를 피우거나 냅킨으로 코를 푸는 사람도 종종 보게 되는데, 정말 다시는 만나고 싶지 않다. 손으로 가리지도 않고 이를 쑤시거나 입안에 음식이 들어 있는 상태로 말을 하는 것도 보기 역겹다. 여성의 경우 컵에 립스틱 자국을 남기는 것도 좋아 보이지 않고, 지갑이나 차 열쇠 등의 소지품을 테이블에 놓는 것도 실례라는 생각이 든다. 또한 음식이나 서비스에 대해 지나치게 불평해도 상대의 기분이 상할 수 있으므로 주의해야 한다.

단지 몇 분, 또는 한 두 시간 정도의 만남에서 상대의 모든 것을 판단해야 하는 비즈니스의 경우, 행동거지 하나하나에 신경 쓸 수밖에 없다. 하지만 이미지를 업그레이드시킨다는 것이 그리 거창한 일이 아니라, 상대방에 대한 '배려'가 아니겠는가.

커뮤니케이션의 기술

기업이라는 조직을 운영하는 데는 정말로 많은 테크닉이 필요한 것 같다. 그래도 인력이 충분한 대기업의 경우에는 많은 부분을 직원들이 감당해 주지만, 중소기업의 경우는 최고경영자가 온갖 것을 다 챙기고 책임져야 하기 때문에 그 피로감이 만만치 않다.

필요한 많은 테크닉 중에서도 중소기업의 경우에는 특히 커뮤니케이션의 기술이 매우 중요하게 여겨진다. 대기업과는 달리 사장과 직원이 직접 업무 처리를 하는 경우가 많기 때문이다.

커뮤니케이션이란 의사소통이나 의사 전달이란 말로 해석된다. 의사 전달의 방법에는 여러 가지가 있다. 대화, 즉 말로 전달하거나 서신이나 메모로도 전달할 수 있다. 분명한 동작이나 행위도 의사 전달의 수단이 되는데, 직원이 가져온 보고서를 보면서 고개를 끄덕끄덕하거나 젓는 것만으로도 의사 전달이 된다. 특정의 신호나 기호가 의사 전달의 수단으로 사용되기도 한다.

커뮤니케이션 기술은 회사의 스타일을 만들고 회사 직원들에게 영향을 미친다. 따라서 회사의 이익 창출에도 막대한 영향을 준다. 그런 만큼, 중소기업의 커뮤니케이션 방법을 연구하여 보다 개선할 필요가 있지 않을까 싶다.

앞서 말한 대로 중소기업의 경우, 대부분 사장이 직접 직원에게 의사 전달을 하게 된다. 그러다 보니 경영자의 뜻이 본의 아니게 왜곡되

자신이 파는 상품이 만들어지는 현장, 그 과정을 실제로 보는 것은 영업자에게 중요하다. 마찬가지로 자기가 만든 물건이 영업에서 어떻게 다뤄지고, 어떻게 팔리 지 아는 것이 매우 중요하다.

- 오보시 코지

어 잘못 전달되는 경우가 허다하다.

사장이 급여를 원가로 생각하여 걱정하면, 직원은 혹시 사장이 급여를 깎거나 해고할지도 모른다고 생각하여 표정이 어두워진다.

또 업무상의 실수가 발생하면 사장의 기분이 좋지 않거나 야단을 맞더라도 바로바로 보고해야 하는데, 쉬쉬하고 있다가 나중에 수습이 불가능해졌을 때에야 보고하는 경우가 적지 않다. 이런 경우, 대개는 사장의 힘으로도 해결이 되지 않아 회사가 커다란 손해를 봐야 하는 상황을 맞을 수밖에 없게 되는 것이다.

제대로 된 커뮤니케이션 기술이 있었다면 미리 방지할 수 있었던 일들인데도, 그렇지 못해 회사를 위기 상황으로 몰아간다면 이보다 더 큰 불행이 어디 있겠는가.

결국 커뮤니케이션에 있어서 가장 중요한 기술은 서로의 입장 차이를 이해하는 것이 아닐까 싶다.

나이나 성별, 직급, 출신 지역, 학력 등 그야말로 모든 개인적 특성을 제대로 파악해야만 진정한 커뮤니케이션이 이루어진다는 얘기다.

대화하는 방법

직장 생활을 하면서 많은 사람들을 만나게 된다. 오랫동안 보아 온 사람도 있고 처음 만나는 사람도 있다.

어떤 경우이든 사람을 만날 때는 대화를 필요로 한다. 식사를 하거나 차를 마시면서 새로운 일을 의논할 때도 그렇고, 기존 거래를 유지할 때도 그렇다. 사람들은 서로의 관심사, 집안 이야기, 정보, 뉴스 등을 말하면서 인간관계를 형성해 나간다.

그러고 보면 어떤 경우든지 '대화'는 인맥을 관리하는 방법 중 하나로 자리 잡았다고 해도 과언이 아니다.

특히 비즈니스에 있어서는 일반적인 대화보다 더 신경을 써야 한다. 말 한마디에 기업의 장래가 좌우될 수 있기 때문이다. 좋은 대화는 상대에게 자기의 이미지를 각인시킬 수 있는 기회가 되는 것은 물론이고, 기업 발전에도 도움이 된다는 것은 두말할 나위가 없다.

좋은 대화는 그냥 이루어지는 것이 아니다. 평소에 신문이나 잡지를 골고루 읽어 두면 도움이 된다. 뉴스도 시청하는 편이 좋다. 별다른 대화 준비가 없어도 최근의 사건에 대해 이야기하다 보면 부담도 없고 분위기를 자연스럽게 만들 수 있기 때문이다. 특히 사업을 하는 경영자라면 경제 관련 기사를 꼼꼼히 읽어 볼 필요가 있다. 시간이 없다면 제목이라도 읽어 두어야 한다. 전혀 모르는 것보다는 관심이라도 갖고 있는 것이 대화에서 소외되지 않기 때문이다.

상품 관리, 고객 관리 등 무슨 일을 하건
상대방의 입장에 서면 팔리지 않았던 상품이 팔리게 되고
설득할 수 없었던 고객을 설득할 수 있게 된다.
– 쿠니시 요시히코

또한 어떤 자리에서 대화를 하든지 간에 가능하다면 간단하게 말하고, 상대방이 편한 마음으로 많이 말할 수 있게 해야 한다. 상대가 나이가 많다면 더더욱 그렇다.

그리고 주제가 정해진 회의석상의 대화가 아니라면 가벼운 마음으로 대화를 시작하는 것이 분위기를 편하게 해준다. 처음에는 날씨, 스포츠, 최근 뉴스 등과 같은 이야기로 대화를 시작하는 것이 긴장감을 해소하는 데 도움이 된다. 대부분의 사람들은 중요한 내용이 담긴 대화는 조금 시간이 흐른 뒤에 꺼내는 경향이 있기 때문이다. 또한 정치 문제나 종교 문제는 잘못 이야기를 꺼내면 논쟁으로 발전하여 자칫 분위기를 망칠 수 있으므로 가능하면 삼가는 것이 좋다.

대화에는 정도(正道)가 없다. 상대에 따라 삼가야 할 이야기와 상대의 인격을 존중하면서 대화를 해 나간다면 일단은 성공할 확률이 높아진다. 상대가 질문하는데 한두 마디로 무성의하게 대답하거나, 상대가 이야기할 때 귀담아 듣지 않는다면 대화에 실패할 확률이 높다.

꾸준히 노력하면 대화를 성공적으로 이끌 수 있다. 아울러 가장 좋은 대화의 기술은 대화 상대를 인정하는 것이라고 할 수 있다.

전화 통화에도 예의가 있다

'의사 결정'이 경영의 핵심적인 활동이라는 것은 당연하다.

하루에도 수차례의 회의를 하고, 수십 번 전화를 걸거나 받는다. 전자 메일, 문서, 배달된 편지까지 확인하려면 몇 시간이나 매달릴 때도 종종 있다. 의사 결정을 하려면 의사 전달이 우선이니까.

오늘도 아침부터 전화에 시달린다. 요즈음에는 부쩍 업무와 관련 없는 마케팅 전화가 많아져서 사뭇 짜증스럽다.

예전에는 주로 만나서 해결하던 일도, 전화나 팩스를 이용해 처리하는 경우가 많아졌다. 정은 오고가지 않지만 일을 처리하는 속도가 무척 빨라진 것은 사실이다.

거래를 하다 보면 우리 회사가 매달려야 할 경우도 있고, 상대 회사가 그럴 경우도 있다. 어떤 경우든 얼굴을 보지 않고 얘기하다 보니, 최대한 공손한 말투로 얘기하는 것이 필요하다. 말을 어떻게 하느냐에 따라 상대방에 대한 느낌이 달라지니 말이다. '말 한 마디로 천 냥 빚을 갚는다'는 말이 그냥 생긴 것이 아님을 절로 실감한다.

오전 일을 마칠 때쯤 걸려온 전화 한 통. 거래처의 직원이었다.

다짜고짜 "사장 있어요?" 한다. 우선 기분이 나빠진다. 우리 쪽에서 매달려야 하는 거래처라도 이건 경우가 아니다. 한마디 하고 싶은 것을 꾹 참고 간신히 통화를 마쳤다.

이런 기분은 곧 회사 전체에 전파된다. 표시를 하지 않으려고 해도

대중적인 반응을 유도해 내는 것은,
어떤 사건이 몇 번 일어났는가 하는 것보다는
얼마나 감정적인 관심을 끌었는가에 달려 있다.
- 버트런드 러셀

사람인 이상 두세 시간은 족히 간다. 사실 이런 일에 부딪히면, 당황스럽기도 하고 기분도 좋지 않다. 하지만 기분만 따질 일도 아니다. 더 염려되는 것은 저쪽이 아니라 우리 쪽이다.

'아니, 우리 회사 직원들도 저러는 거 아냐?' 생각이 여기에 이르면 마음에 조바심이 생긴다. 또 회의 소집이다. 주제는 '전화 예절'이다.

자유스러운 직장 분위기는 정말 좋은 것이다. 직원들이 주어진 격식에 부담을 느끼지 않으면서도 일에 대한 집중력을 발휘할 수 있다면 이보다 더 좋은 직장이 있을까? 일과 직접적으로 상관없는 격식만을 강조하거나 형식을 따지면서 직원들을 힘들게 하고 싶지 않다.

하지만 직장에서의 전화 예절은 정말 중요하다. 말투가 다소 무뚝뚝하더라도 얼굴을 보고 이야기를 할 경우에는 웃는 표정을 보고 분위기를 읽어낼 수 있지만, 전화를 걸 경우에는 오직 '말'만 가지고 판단하기 때문에 직접 만나서 대화를 할 때보다 더 신경을 써야 하는 것은 말할 나위가 없다.

이 말 저 말 다 자르고, 다짜고짜 "사장 있어요?"라고 할 때 기분 좋을 사람이 어디 있겠는가? 그나마 반말을 하지 않은 것만으로 고마워해야 하는 것은 아닌가 싶어 실없이 쓴웃음을 머금는다.

명함 한 장으로도 승부가 난다

"호랑이는 죽어서 가죽을 남기고, 사람은 이름을 남긴다. 그러니 이름 더럽히지 않게 정직하게, 열심히 살아라."

어린 시절부터 집안 어른들로부터 무수히 들어온 말이다. 욕하면서 배운다고 잔소리로만 여겼던 그 말을 이제는 내가 즐겨 쓰고 있다.

이름만큼 값진 게 있을지 모르겠다. 이름만 대도 세상 사람들이 알아준다면, 그것을 사람들은 성공했다고도 하지 않는가. 사람만 그런 게 아니고, 기업도 그렇고 음식점도 그렇다. 물론 좋지 않은 일로 이름이 나는 것은 예외지만 말이다.

사람들을 만나다 보면 하루에도 수차례 이름 적힌 종이가 왔다 갔다 한다. 우리는 그것을 명함이라 부른다. 이 명함이라고 불리는 종이에는 이름이며 직함, 전화번호, 주소를 비롯해 꼭 알리고 싶은 정보가 빼곡하게 들어 있다.

업무상 누군가를 처음 만나는 경우에도 많은 사람들이 명함을 주고받는다. 농담 삼아 얼굴이 명함이라고 하는 사람도 있지만, 이때 명함은 한낱 종이 조각이 아니고 호랑이 가죽처럼 귀한 물건이 된다. 이른바 명함은 그 사람의 얼굴인 것이다.

그렇기 때문에 명함을 주고받는 데는 매너가 필요하다. 주고받는 태도가 잘못되었거나, 받은 명함을 함부로 취급하면 그것이 곧 첫인상을 구기는 일이 되고 만다. 때문에 메모지로도 쓸 수 없는 쓰레기가

당신이 제공하는 혜택이 무엇이든
고객들의 관심을 끌 수 있다면 고객들은
당신 문 앞으로 달려올 것이다.
- 제인 애플게이트

되지 않도록 하기 위해서는 명함을 주고받을 때는 나름대로 예절을 지켜야 한다.

우선 명함을 줄 때는 상대가 이름을 똑바로 확인할 수 있도록 글자가 새겨진 부분을 위로 향하게 하여 건넨다. 명함을 받는 경우에는 그냥 받아서 지갑에 넣거나 아무 데나 두지 말고 명함을 한번 들여다봐야 한다. 이름과 얼굴을 기억하도록 말이다. 그리고 받은 명함은 중요한 정보가 수록되어 있으므로 별도로 보관하는 것이 비즈니스맨의 기본이다.

또한 여러 사람들이 모여 있는 곳에서 명함을 전부에게 돌리고 다니면 십중팔구는 좋은 인상을 주지 못한다. 아무렇게나 명함을 주었다가 후회할 일도 생길 수 있다. 식사 중에 명함을 준다든가, 받은 명함을 식탁 위에 놓고 있다가 음식물을 명함 위에 흘리기라도 한다면 거래는 거의 끝이다. 되더라도 좋지 않은 기억으로 남아 있을지도 모른다.

명함은 항상 지니고 다니되, 명함을 줘도 되는지를 물어보고 주는 것이 바람직하다. 그리고 당연히 깨끗한 명함을 줘야 한다.

명함 한 장으로 거래가 승패가 결정 나는 일도 있다는 것을 항상 명심해야 한다.

의전(儀典)을 바로 알아야

살아갈수록 사람 사는 세상이 단순하지 않다는 생각이 떨쳐지지 않는다. 벗어 던지면 사람이 다 똑같을 것 같지만 그렇지가 않은 것이 세상살이다. 겉치레를 싫어하면서도 그것도 필요하다는 생각이 드는 것이 삶의 모순이 아닐까 싶다.

기업을 경영하는 데도 가장 중요한 것이 직원 인사이듯, 각양각색의 사람을 만날 때도 가장 어려운 것이 의전인 것 같다. 아마도 그것이 '사람'과 관련된 일이어서일 것이다.

의전이란 말이 높은 사람들에게나 해당되는 말이라고 생각된다면, 그냥 사람 만나는 예절, 도리, 배려라 해도 무방하다. 아니면 자리 배치라고 하면 어떨까. 이 자리 배치라는 것이 묘하게도 자존심을 상하게도 하고, 별 것 아닌 거 같지만 별 것이 되고 그렇다.

회사에 손님이 오면 어디에 앉으라고 권할까 걱정이고, 거래처 사장을 만나도 자리 때문에 신경을 쓴다. 정답이 없으니 그때그때 순발력으로 해결할 수밖에 다른 도리가 없지만 말이다.

경험에 의하면 서로가 가장 마음 편한 상태로 앉는 것이 가장 좋은데, 그것 또한 그리 쉬운 일은 아니다. 그래도 자리를 배치하는 쪽이 마음 편하다. 문제는 어쩔 수 없이 푸대접을 받는 경우이다.

'아니, 저 처음 보는 은행 지점장이 왜 안쪽에 앉지? 아무리 돈을 빌려 써도 그렇지. 아니, 은행이야 돈 빌려 주고 먹고사는 곳인데 왜

겸손한 자만이 다스릴 것이요,
애써 일하는 자만이 가질 것이다.
– 에머슨

상전처럼 구는 거야.'

생각이 여기에 이르면, 갑자기 거래를 하고 싶지가 않다. 아마도 사람을 배려하지 못하는 사람이라는 생각이 들어서일 것이다.

돈을 빌려주니 밥도 사야 한다는 사람은 필시 분별력이 떨어지는 사람이라는 것이 내 생각이다.

돈을 빌려 가니 고마워서 밥도 사 주고, 더더욱 문간에 앉아 있지 않도록 배려도 해주어야 하는 것 아닌가. 그러면 정말로 고마워서 열심히 일하여 돈을 갚고 또 빌려 쓸 텐데 말이다.

어찌 보면 의전의 핵심은 어떤 것에 가치를 두고 무엇을 더 존중하는가 하는 문제를 결정하는 일일 것이다.

서로가 서로에게 자존심을 지키게 하여 모든 일이 술술 풀리도록 하는 FedEx(Federal Express)의 핵심 경영 전략은 인간·서비스·이윤이라고 한다. 항공 운수업에서만 그것이 통용되는 것일까?

모든 경영의 출발이 자리 배치에 있다는 말이 새삼 마음에 와 닿는 요즘이다. 그것은 '마음'이 어느 곳을 향하고 있는지를 나타내는 표현이기 때문일 것이다.

강연 잘하는 법

예전에는 필요에 의해 수강 신청을 하거나, 강연에 일부러 참석하여 듣고 싶은 이야기를 듣는 일이 많았다. 그런데 몇 년 전부터는 강의나 강연 요청이 많아졌다. 아마도 이것이 세월이 흘러가는 증거가 아닌가 싶다.

또 간혹 여러 행사 자리에서 인사말을 해달라는 초청도 받게 된다. 사람들로부터 인정받고 있다는 생각이 들어 기분이 좋기도 하지만, 승낙하고 나면 이내 걱정이 앞선다. 무슨 이야기를 해야 할지…….

물론 대부분이 주제가 정해져 있어 크게 문제는 없지만, 강연 시간이 한 시간 정도로 짧을 경우에는 주어진 시간에 듣는 사람들을 충분히 이해시키고 재미있게 하는 것이 생각보다 힘들다는 것을 절감한다.

일이 바쁠 경우에는 인사말 같은 것을 직원들에게 대신 쓰게 하여 읽는 경우도 종종 있지만, 가능하면 강의 원고는 직접 쓰는 것을 원칙으로 하고 있다.

가끔 강연을 하다 보니 몇 가지 요령도 생겼다. 어떤 곳으로부터 초청을 받아 강연을 하게 된다면, 다음과 같은 요령이 도움이 될지도 모른다는 생각이 들어 소개해 본다.

우선 가장 중요한 것은 강연의 주제에 대한 명확한 인식이다. 그러기 위해서는 초청자가 무슨 이야기를 듣고 싶어 하는지를 파악해야 한다. 아울러 이야기를 듣게 될 청중에 대한 이해가 필요하다. 청중이

모든 분야에서 진짜가 아니면 통할 수없는 시대가 되었다.
무엇이든 한 가지 의상의 진정한 능력을 갖추어라.
- 쿠니시 요시히코

누군가에 따라서 같은 이야기라도 달리 설명해야 하기 때문이다.

그리고 청중의 숫자를 확인해야 한다. 청중의 숫자에 따라 목소리의 크기나 몸짓, 손짓이 달라져야 하기 때문이다.

거기에다 의상에 신경을 쓰면 더 좋다. 청중에 따라서 적절한 의상을 선택해야 한다. 지나치게 화려한 복장이나 장신구는 피해야 한다. 강연 내용보다 강사의 용모에 대해 이러니저러니 말할 빌미를 주는 것은 좋은 모양새가 아니기 때문이다.

당연히 강연 내용은 충분히 의미가 있도록 준비한다. 그러나 지루하지 않게 산 경험을 섞어서 말하는 센스가 필요하다. 조직에서는 살아 있는 정보를 듣고 싶은 바람 때문에 강연의 기회를 마련하는 경우가 대부분이기 때문이다. 또한 꼭 필요한 경우가 아니라면 외국어나 전문적 용어의 사용은 가급적 자제하고 쉬운 말로 알아듣게 설명해주어야 한다. 아무리 의미 있는 강의라도 재미가 없고 딱딱하면 청중의 반응은 냉랭해질 수밖에 없다.

좋은 강연이란, 결국 청중과 연사가 하나가 되는 일이 아닐까 싶다. 따라서 무엇보다도 중요한 것은 물 흐르듯 자연스러운 강연이 되도록 해야 한다는 것이다.

옷 입는 것도 전략이다

오늘날 대부분의 기업은 생존을 위해 하루하루 전쟁을 한다. 경영 전략(Business Strategy)이라는 말이나 경영 전술(Business Tactics)이라는 말만 보더라도 원래 군사 용어가 아니던가. 실제로 무기를 들지는 않았지만 기업은 살아남기 위해서 밤낮을 가리지 않고 전쟁하듯이 뛰어야 한다.

전략이란 말은 한 마디로 격변하는 경영 환경에 대응하기 위한 의사 결정의 기준이라 할 수 있다. 챈들러(A. D. Chandler)는 이미 1962년에 기업의 장기적인 목표와 목적을 결정하는 일이 경영 전략이며, 이는 목표를 이루기 위한 활동 방향이라고 설명한 바 있다. 그렇듯이 기업에 있어서 전략이 차지하는 비중은 재론의 여지가 없을 정도로 중차대하다.

기업에 있어서 이렇게 중요한 전략이라는 용어가 이제는 개인에게도 필요한 시대가 되었다. 하물며 경영자야 두말할 나위가 있겠는가. 기업의 경영자는 최고의 전략가가 되지 않고서는 살아남는 것이 쉽지 않기 때문이다.

그러다 보니 경영자는 전략적으로 자신을 표현해야 하는 경우가 적지 않다. 특히 비즈니스 현장에서는 옷차림새나 신발, 장신구 등에도 신경을 써야 한다. 옷은 자신을 표현하거나 개성을 드러내는 데 최고의 수단이 되고, 거래를 성사시키는 데 공헌하기도 한다. 반면 자신

사람은 의복에 알맞게 환영받고,
지능에 알맞게 해고된다.
– 러시아 속담

의 모습을 제대로 전달하지 못하게 하는 데 한몫을 하는 위험 요인이 될 수도 있으므로 유의해야 한다.

비즈니스에는 가능한 한 정장 차림이 좋은 것 같다. 회의를 한다거나 거래처를 처음 방문할 때는 더더욱 그렇다. 화려한 옷차림새는 능력과 경력을 평가받는 데 방해가 될 뿐 아니라, 요란한 장식은 오히려 반감을 갖게 할 수도 있다는 사실을 잊지 말아야 한다. 그야말로 비즈니스 패션 감각 같은 것을 가져야 한다는 말이다.

공장을 둘러보거나 서류를 정리할 때는 허름한 바지 차림이 좋다. 현장에서 땀 흘려 일하는 종업원들과 유사한 종류의 작업복을 입어 동질감을 갖는 것도 괜찮은 방법이란 생각이 든다.

분명히 옷 입는 것도 전략이다. 특히 어떤 장소에서 어떤 사람을 만나느냐에 따라 차림새를 바꾸어 주는 것이 비즈니스맨들의 기본적인 센스이자 전략이 아닐까 싶다. 수영장에서는 수영복을 입고, 명절에는 한복을 입고, 비즈니스 현장에서는 검은색이나 회색, 밤색의 정장을 입는 감각을 발휘해 보면 어떨까……. 처음에는 신경이 쓰이지만 나중에는 자연스럽게 습관이 된다.

옷을 잘 입는 전략의 첫 번째 방침은 자연스러움이라고 생각한다.

직원 복지 제도, 기업마다 다르다

기업은 적은 비용으로 많은 수익을 내기 위해서 다각도로 노력한다. 그래야만 치열한 경쟁에서 살아남을 수 있기 때문이다.

수익이 줄어들면, 많은 기업들이 직원들의 봉급을 내리는 편한 방법을 쓰기도 한다. 심지어는 상황이 악화되어 직원들을 감원해야 하는 사태가 닥친 경우, 직원들 스스로가 봉급을 내려달라고 요구하는 일도 간혹 있다고 한다. 물론 이렇게 되지 않도록 노력해야겠지만…….

아마도 직원들이 가장 선호하는 회사는 장기근속이 보장되고 급여가 많은 회사일 것이다. 거기에다가 복지 제도까지 잘 되어 있다면 금상첨화겠지만 말이다.

직원이 아이를 낳으면 축하금을 준다든지, 회사에서 시설을 마련하여 직원들의 자녀들을 돌보아 준다든지, 진학 상담을 받을 수 있게 도와주면 직원들의 사기가 올라간다. 심지어 직원들의 자녀들에게 아르바이트를 구해 주는 회사도 있고, 직원들의 여가 생활까지 챙기는 회사도 있다.

이렇듯, 직원들에게는 많을수록 좋은 것이 봉급과 복지 혜택이다.

우리 회사의 경우, 형편이 그리 좋지는 않지만 직원들의 사기 진작을 위해 몇 가지 복지 제도를 시행하고자 했다.

직원들의 해외여행과 직원 자녀들의 학자금 지원이 대표적인 것이

CEO는 사원이나 하청업자에 대해 절대 '내가 너를 먹여 살리고 있다'는 태도를 보여서는 안 된다. 그러한 태도를 보이는 순간, CEO로서의 자격을 잃고 하찮은 인간으로 전락한다.

- 마쓰시타 고노스케

었다. 적지 않은 비용을 들여 이것을 지키려고 노력했다.

그렇지만 직원들을 위한 이러한 노력이 처음 생각했던 것처럼 효과가 있는지에 대해서는 의문이 든다.

해외여행을 다녀온 직후 그만둔 직원도 있었다. 그럴 때는 어쩔 수 없이 '그만둘 것을 본인은 알고 있지 않았을까? 회사를 위해 계속 근무할 다른 직원이 갔으면 좋았을 텐데……' 하는 마음이 든다. 학자금 지원도 마찬가지이다.

이후, 천편일률적인 복지 제도보다는 회사의 특성에 맞게 나름대로의 방법을 찾는 것이 바람직하지 않을까 하는 생각을 갖게 되었다.

어떤 회사를 모범으로 삼아 복지 제도를 운영하는 것도 중요하지만, 시행하기 전에 충분한 연구나 토론이 선행되어야 한다는 것을 배운 셈이다.

복지 혜택은 많을수록 모두가 좋다. 직원이 행복해야, 일의 능률도 올라 기업도 행복해질 테니 말이다.

하지만 기업의 환경과 특성을 고려하지 않는 직원 복지는 비용만 증가시켜서, 결국 기업의 경쟁력을 떨어뜨리는 요인이 될 수도 있다고 생각한다. 이런 생각이 잘못된 것인지?

기업의 술 문화, 달라져야 한다

기업에는 다양한 구성원들이 존재하며, 이들의 행동 양식이 모여 하나의 기업 문화를 이룬다. 물론 경영자의 경영 이념이나 회사의 경영 방침이 특정 기업의 독특한 문화를 이루는 경우도 적지 않지만 말이다.

어떤 기업에서는 조기에 퇴직을 하면 정년퇴직 시까지의 봉급을 일시에 지급한 후 젊은 사원들로 회사를 채우기도 하고, 반대로 고령자를 고용하여 이익을 더 내기도 한다. 또 어떤 기업에서는 말단부터 시작하는 직원들만 임원으로 승진할 수 있게 한다.

이처럼 회사마다 경영 스타일이 있게 마련이고, 그러한 것들이 점차 굳어지면서 기업 문화로 정착된다.

우리나라의 수많은 기업들이 저마다의 특징을 갖고 있는데, 유독 공통된 것이 있다면 바로 술 문화이다. 거래처 누구와 만나도 저녁에는 당연히 술자리로 이어진다. 심지어는 낮에도 술을 마신다.

술이란 것이, 어색하거나 딱딱한 자리를 부드럽게 만들어 주면서 거래가 잘 성사되게 만들어 주는 윤활유 역할을 한다는 면에서는 고마운 존재일 수 있다. 그러나 문제는 일차, 이차, 삼차가 거듭되면서 몸도 상하고 실수를 하게 되는 경우가 많다는 것이다.

저녁이 되면 골목골목의 식당마다 술자리가 벌어지는데, 친구들이나 직장 동료들과 스트레스를 풀기 위한 자리라면 모르되 거래를 위

술이 빚은 우정은 술처럼 하룻밤밖에 가지 못한다.

- F. V. 로가우

한 자리라면 좀 맑은 정신으로 해야 하는 것이 아닐까? 꼼꼼하게 챙겨 서로의 회사에 도움이 되는 거래가 되도록 하는 자리에서 지나치게 술을 마시는 것은 마땅치 않다는 생각이다.

직장 생활을 하는 사람들이나 회사를 경영하는 사람들 대부분이 술로 인해 거래를 망친 경험이 한두 번은 있을 것이다. 하기야 오죽했으면 술 상무라는 말이 생겼겠는가?

거래처나 상대방에게 꼭 인사를 하고 싶다면, 흥청망청 술 접대를 하기보다는 오히려 간단한 선물을 하는 편이 좋을 것 같다. 꼭 술을 마셔야 하는 경우라면 상대에게 결례가 되지 않을 정도에서 그쳐주면 얼마나 고마울까 하는 생각이 든다.

예전에 술로 인해 인사불성(人事不省)이 된 경험이 있는데, 다음 날 회사에 출근은 했지만 하루 종일 너무 힘들었다. 처음부터 폭탄주인데다, 안주도 제대로 챙겨먹지 않았으니 헤맬 수밖에……. 그러다가 순간 등골이 오싹해졌다. 요즘 같은 세상에서 운이라도 나빠 험한 일을 당했다면 어땠을까?

술기운이나 운을 빌어 회사를 경영할 수는 없지 않은가.

선물은 마음이다

해마다 설날이나 추석 같은 때면 선물을 주고받는다.

선물은 주로 직원들이나 거래처에 감사의 표시로 하지만, 회사를 경영하지 않더라도 무엇인가를 기념하거나 축하할 만한 일이 있으면 선물이 오고 간다.

먹고살 만한 요즘에는 예전보다도 선물을 더 자주하는 것 같고, 특별한 날이 아닐 때도 선물로써 정을 나누는 일이 많아졌다.

가끔은 선물이 지나쳐서 뇌물이 되기도 한다. 대가를 바라고 선물을 하거나, 지나치게 부담이 되는 것을 건넨다면 뇌물일 가능성이 많다.

기업의 경우 일정 금액 내에서 접대비가 허용되지만, 사실 선물과 뇌물은 투자와 투기만큼이나 구별하기 힘든 것 또한 사실이다.

게다가 거래가 성사되기 전에 접대를 많이 하게 되는데, 이것도 지나치면 뇌물이 아닐까.

요즈음에는 물가가 많이 올라 마땅한 선물을 하는 것이 쉽지 않다. 받는 사람에게는 작을지 모르지만, 직원이나 거래처를 다 챙기려면 이것도 보통 일이 아니다. 몇 시간씩 백화점이나 시장을 돌다가 그냥 돌아오기 일쑤다.

결국은 작년처럼 하자고 마음먹는데, 그렇다 하더라도 주는 마음이 받는 마음보다야 즐겁지 아니한가.

뇌물로 얻은 충성은 뇌물로 정복된다.

– 세네카

선물을 많이 주고받다 보면 나름대로 원칙 같은 게 생긴다.

선물을 줄 때는 자신의 능력에 부담되지 않는 범위 내에서 한다. 뒷날 후회되거나 생활에 불편이 생기는 정도의 비용을 들이는 것은 정말 곤란하다. 그리고 선물을 줄 때는 절대로 대가를 바라지 말아야 한다. 선물을 주는 것이지, 뇌물을 주는 것이 아니기 때문이다.

또한 선물을 받을 때는 그것이 무엇이든 간에 감사한 마음으로 받아야 한다. 선물 고르는 것이 얼마나 힘든 일인가를 생각해 봐라. 혹시 자기에게 필요 없거나 마음에 들지 않는 것이라 하더라도, 선물은 마음으로 받아야 하는 것이다.

어디선가 들은 얘기가 떠오른다.

초등학교에 다니는 한 아이의 학부모가 학년 초에 새로 담임이 된 선생님에게 인사하러 갔다가 참기름 한 병을 선물했다. 그리고 학년 말에 일 년 동안 아이를 잘 가르쳐 줘서 고맙다는 마음을 전하러 다시 갔는데, 우연히 선생님의 책상 밑에 아무렇게나 놓여 있는 참기름병을 발견한 것이다. 돌아서는 학부모의 마음이 어떠했겠는가.

선물에 마음을 담는다는 것은 기업도 다르지 않다고 말하면, 세상 물정 모른다고 비웃음을 받을는지…….

논스톱(Non-stop) 서비스

얼마 전에 한국골프경영협회에서 발표한 자료에 따르면 골프장 건설과 관련한 법률이 54개이고 입지와 절차, 시설 관련 규제는 251건에 이른다고 한다. 또 도시계획 시설 결정, 각종 영향 평가, 실시 계획 인가, 공사, 준공 검사 등 골프장 건설사업 과정에 26건의 결정과 승인, 허가가 필요하다고 한다.

역대 정부가 시간과 경제적 낭비를 줄이기 위해 도입한다고 큰소리치던 원스톱(One-Stop) 서비스가 여전히 제자리걸음을 하고 있다는 반증이다.

정부에서는 원스톱 서비스를 실현하기 위해 전자정부 시대를 열어가고 있다.

전자정부란, 정부의 고객인 국민의 요구에 따라 국민을 위해 봉사하는 데 정보 기술을 사용하는 정부를 만든다는 뜻이다.

이제는 인터넷 민원처리도 가능해졌다. 잘 알다시피 현재는 웬만한 민원서류는 당사자가 직접 관공서를 방문해야 하는 번거로움을 겪지 않게 되었다. 물론 민원서류를 요구하는 곳에 제출하는 것도 인터넷을 통해 이루어지는 세상이 곧 올 것으로 짐작된다.

그런데 위에서 골프장 건설 사업을 예로 들었지만, 기업의 입장에서는 인터넷 민원처리는 물론이고 효율적인 사업을 위해서 실질적인 원스톱 서비스가 이루어지기를 기대한다.

기업의 진정한 목적은 모든 고객의 삶의 질을
향상시키는 제품과 서비스를 만들어내는 일이다.
- 앤서니 라빈스

하루가 다르게 세상이 바뀌고 사업 환경이 바뀌는데, 사업을 확장하거나 신규 사업에 투자하기 위한 인·허가를 받다가 지치는 경우가 허다하다.

자금을 끌어들이고 사람을 모으고 경영 환경을 분석하기에도 시간이 모자라는데, 인·허가 업무 처리하느라 몇 년을 보내야 한다면 도대체 언제 일을 하란 말인가?

어떤 보도를 보니 후진국일수록 규제가 많다고 한다.

정부는 법과 원칙에 따라 처리하고, 공무원은 팔 걷어붙이고 나서서 기업인의 어려운 사정을 도와주어야 한다는 생각이 잘못된 것은 아닐 것이다.

하지만 우리나라는 정반대인 것 같다. 물론 고생하는 정직한 공무원들께 드리는 말씀이 아니다.

기업이 살아야 나라가 산다.

원스톱 서비스가 아니라 논스톱(Non-stop) 서비스가 절실하게 필요한 때이다.

4부

우아한 경영은 없다

우리의 시장은 단 하나뿐이다. 바로 고객이다.
고객들은 이 세상 어딘가에서
우리의 물건을 구매할 이들로,
최고 경영자를 비롯한
모든 사람을 해고할 수 있다.

– 샘 월튼

NGO에 바란다

최근에 들어서 부쩍 NGO(non-governmental organization : 비정부기구 내지는 시민단체를 의미)역할이 커진 것 같다.

기업가로서 NGO란 말을 자주 접하게 된 것이 90년대 초반으로 생각된다. 특히 인권이라든가 환경문제가 시민단체의 주요이슈인 것 같다.

우리나라 NGO에 대하여 그리 잘 알지는 못하지만 직간접적으로 지역의 사회단체에 참여하여 왔던 사람으로서 NGO에 바라는 점이 있다.

우선 스스로 NGO라고 불리고 싶은 단체가 있다면, 단체의 자율성을 강화시킬 필요가 있다고 본다.

단체의 자율성을 강화하고 본래의 목적을 달성하기 위하여 가장 우선시되어야 하는 것이 재정문제이다.

재정이 부족하여 제 3자에게 기댄다면 NGO의 기능을 살릴 수가 없다.

기업을 운영하는 사람이 빚을 많이 지고 있는 것과 같은 것으로 보아야 한다.

NGO에 바라는 또 다른 것은 NGO 활동의 백화점식의 경영방식을 지양하라는 것이다.

자신들의 활동이 무엇인지를 정확히 밝히고 열심히 일한다면 시민들의 지원이 많아질 것이다.

백화점식의 비슷비슷한 단체들이 필요이상 많은 것 같다.

너무 많으면 경쟁력이 떨어질 수밖에 없다. 기업이 경쟁력을 잃으면 도산하는 것이고, 시민단체가 경쟁력을 상실한다는 얘기는 시민이 없는 몇몇의 이름뿐인 단체가 되는 것이다.

물론 자선단체라면 많을수록 좋겠지만 NGO가 하는 일이 정부나 기업을 견제하는 것이라면 전문성도 있어야 하고 경험도 많은 사람들이 해야 하는데 많기만 해서는 안 될 것 같다.

가끔 NGO의 주장을 보면서 정말 이치에 맞지 않거나 자신들의 이익만을 추구하는 것 같은 인상을 받은 적도 있다.

사회의 모순을 해소하려면 스스로 합리적이어야 한다고 본다.

끝으로, 기업을 기업인을 이해해 주었으면 한다. 기업인이 NGO에 참여한다는 것은 쉽지 않다.

사적 이익을 추구하는 사람들이 공동의 이익을 추구하는 것이 자연스럽지 않은 것 같아서이다.

오히려 기업인들은 봉사단체에 적극 참여하는 것이 바람직 한 것 같다.

*변화를 두려워하고 지금의 상황이 유지되길 원하는 사람들 모두가
내부의 가장 위험한 적이다.*

- 마이클 해머

NGO에 기업인들이 참여하지 않는다고 해서 NGO를 이해하지 못하는 것이 아니니 NGO도 기업을 나쁘게만 보지 말고 이해해 주기 바란다.

대한민국의 차량대수

가끔은 우리나라의 잠재력이나 현실에 놀랄 때가 많다. 일본의 지배가 끝나고 얼마 지나지 않아 1950년 6월 25일 동족간의 전쟁이 일어났고 1953년 종전이 되었고 이제 종전 62년을 맞았다. 종전 이후에도 혁명(쿠테타)과 유신 시대, 민주화 시대를 거쳐 어느새 선진국에 진입하는 나라가 되었다. 경제력도 매우 커졌다. 어느 분야에서나 대단한 나라 대한민국을 느낄 수 있지만 자동차 수를 보면 정말 놀랍다.

국토교통부에 의하면 2015년 6월말 현재 우리나라의 자동차 누적 등록 대수가 2천 558, 879대(인구가 2015년 7월 5천 1,448, 183이니 2.5명당 자동차 1대)라고 발표했다. 세대수가 20,892,349이니 한 세대에 2.46명이 사는 셈이다. 따라서 각 세대가 1대의 차량을 가지고 있는 셈이다. 거의 모든 가정이 1대의 차량을 소유한다는 것이 보통일은 아닐 것이다.

차량이 이렇게 많으니 세계 어느 나라에서와 마찬가지로 교통 문제가 발생한다. 우리나라의 경우 특히 인구가 집중되어 있는 수도권에서는 도로 확장이 쉽지 않으니 교통대책을 수립하는 것 자체가 어려운 일이다.

아마도 옛날에는 훌륭한 왕이 되기 위해서는 치산치수가 필수라면, 오늘날 대한민국의 현실에는 교통문제를 해결하는 사람이 훌륭한 대통령이 되지 않을까 싶다.

가장 중요한 것은 문제를 해결하는 것이다.

- 빌 게이츠

수도권에 위치한 경기도도 교통문제가 점차 심각해지는 것 같다. 특히 출퇴근 시간에는 서울 못지않은 혼잡이 도처에서 발생한다. 아마도 우선적으로 다른 수송체계와의 연계시스템을 빠른 시간 내에 구축하여야 할 테지만, 천만 대 돌파한지 십년 만에 천만 대가 늘어나는 차량을 감당할 수 있을지 의문이다.

신문이 사라진다

독자들에게 가장 좋은 신문은 객관적으로 사실을 충실하게 전달하는 신문이라고 생각한다. 물론 그런 신문은 존재하지 않으리라고 생각하지만. 세간의 정치적, 사회적 이슈가 있을 때마다 서로 다른 의견을 내는 신문이 고마울 수도 있겠지만 그러한 의견도 사실에 근거하지 않는다면 무슨 의미가 있겠는가. 신문사나 기자들은 자신들이 내는 신문이 가장 객관적이고 빠르고 정확하고 좋은 내용이고 또 자신들이 내는 신문이 세상을 바꿀 수 있다고 종종 착각을 하는 것 같다.

하지만 내 생각은 많이 다르다. 자신들이 쓰고 있는 기사가 죄 없는 사람들에게 상처를 주지 않는지, 사실에 근거한 기사인지 엄청나게 고민하지 않는 신문이 어떻게 세상을 바꿀 수 있겠는가?

메이저신문인 조선, 중앙, 동아는 보수요, 한겨레 신문은 진보요 하는 것도 같은 사실을 어떻게 보도하느냐에 따라서 편을 가르는 일이다. 불행히도 우리는 여러 가지 신문을 읽지 않으니 보는 신문에 따라서 생각도 비슷하게 변한다. 모든 신문을 모조리 다 본다면 각각의 신문이 분명한 성향을 가지는 것이 좋을 수도 있겠지만.

신문을 보면서 경기지역에 살고 있는 나로서는 지역의 실정을 알기 위해서 지역의 신문도 함께 보고 싶지만 그것도 쉽지가 않다. 배달사고가 많고 읽을거리가 많지가 않다. 지역주민이라 해서 지역의 신문을 봐야한대도 어떤 신문을 볼까 결정하기가 어렵다. 지역신문은

경기가 좋을 때 교육예산을 2배로 늘리고, 나쁠 때는 4배로 늘려라.

– 톰 피터스

더더구나 특정의 성향이 거의 없기 때문에 천편일률적이다. 또 요즘은 인터넷에 기사가 뜨니 신문 본다는 것은 습관적인 활동이고 아마도 신문도 사양 산업 중 하나일 것이다. 그러니 신문은 그야말로 자극적인 내용으로 채우려고 애쓰거나 광고잡기에만 혈안이 돼 있는 것 같다. 어쩌다 잡지에 인터뷰 한 번 하면 잡지 팔아달라고 난리고, 신문에 기고라도 하면 신문을 봐줘야 한다. 사정이 이러하니 신문의 공익성에 대하여 긍정적인 시각을 가진 사람들이 20%도 안 된다고 한다. 기자 마음대로 기사를 쓸 수 있다고 생각하는 사람도 20% 미만으로 조사되고 있다. 최악의 상황이다.

그래도 나는 신문을 믿는다. 사람들의 자유를 지켜줄 가장 큰 수단이라고. 사회를 이끌어 가는 리더 층이 많아서 사회가 지탱되는 것은 아니다. 마찬가지로 80%의 신문에 대한 불신, 80%의 기자들에 대한 불신이 신문을 존재하게 하는 것이 아니라 20%의 신문에 대한 믿음이 여전히 신문을 존재시키고 있는 것이다. 그런데도 신문사가 경품이나 제공하고, 신문강매를 한다면, 보도축소나 확대를 빌미로 사실적으로는 광고를 강요한다면 신문이 사라지는 것은 시간문제일 뿐이다.

기분 좋은 아침

일어나면 습관처럼 신문을 펼쳐본다. 오늘은(2013년 7월 26일) 미국의 제41대 대통령 (1989년부터 1993년까지 재임)의 사진이 눈에 들어온다. 머리를 깎은 어린아이를 안고 있다. 자세히 읽어보니 부시 대통령의 경호원을 지냈던 존. 그의 두 살배기 아들 패트릭의 항암치료를 응원하기 위해 부시 대통령도 머리를 깎았다. 25명의 전직 경호원들도 전부 머리를 깎은 사진이 실려 있다. 빌 클린턴 전 대통령도 부시 대통령을 향해 "당신이 한 일을 사랑한다 "고 자신의 트위터에 올렸다. 그들은 한 때 정적이 아니던가.

그러다 갑자기 마음이 답답해진다. 전직 대통령의 대화록이 존재하는지 여부로 시끄럽고, 또 다른 전직 대통령의 추징금 환수 문제로 소동이고, 도산한 대기업 김 모 총수 아들이 소유한 600억원대 베트남 골프장이 화제다. 김 모 총수의 추징금은 17조 9253억원인데 검찰이 추징한 금액은 887억원으로 0.5%도 안 된다. 김 전 회장이 판결을 받은 2006년 11월 한참이 지난 2010년에 골프장을 구입했다니 재미있는 일이다.

나의 희망으로는 기분 좋은 아침을 위해 모든 조간신문들이 부시 대통령 기사 같은 것을 골라서 냈으면 좋겠다. 그것도 1면에. 아침부터 지지고 볶는 기사들을 대하고 나면 하루 종일 기분이 나빠진다. 출근 전에 기분이 이러니 하루 일이 잘 풀릴 리가 없다. 열심히 일해 돈

부정적인 기업문화를 긍정적인 문화로 바꾸는 데는 2~6년이 걸린다. 반면 직원들의 사기와 생산성을 떨어뜨리는 데는 5분도 안 걸린다.

– 찰스 B. 다이저트

버는 일이 미련해 보인다. 적당히 살면 될 건데. 법을 정의롭게 집행하지 못하니 그저 힘없고 돈 없으면 죽어지내면 된다. 서민들이야 더 말할 나위도 없겠지만.

사람들은 무슨 생각을 하면서 신문을 보는지 궁금하다. 사람들이 신문기사를 얼마나 믿는지도 궁금하다. 신문을 보면 정말 아이들을 우리나라에서 키워도 되는지 불안하다. 나 같은 사람이야 그저 그렇게 살면 되는데. 아침에 일어나서 신문으로 대하는 세상이 기쁜 일로 가득 차있으면 얼마나 좋을까. 정말 기분 좋은 아침이어야 하는데.

기업과 장애인 취업

우리나라가 아직 선진국이 분명히 아니라는 것을 증명할 수 있는 것의 하나가 아마도 장애인들의 취업문제 일 것이다. 아직은 교육기관에서 조차도 장애인 교육을 기피하고 있으니 다른 분야에서는 말할 필요도 없다. 기업들이 장애인의 고용을 기피하는 이유는 여러 가지가 있겠지만 단순하게 말한다면 수익성이 떨어지기 때문이다. 대개의 경우 장애인들을 고용한다면 생산성이 저하되고, 복리후생비 내지는 시설비가 추가로 투입되어야 하니 기업으로서는 부담스러운 일이다. 정부지원이 있다고 해도 요즘처럼 스피드를 중요시하는 세상에 이동이 불편한 종업원을 고용할 이유가 없다.

다행히 최근 들어서는 이른바 사회적 기업이라 하여 장애인들의 고용을 확대할 수 있는 기업들이 늘어나고 있다. 그러나 장애인들이 취업에 필요한 교육을 얼마나 잘 받을 수 있는지 정부의 장애인 고용기업의 지원시스템이 얼마나 실효가 있는지 다시 생각해 볼 필요가 있다고 본다. 사실 장애우에 대하여는 보다 전향적인 취업확대정책을 펴나가야 함에도 불구하고 실제에 있어서는 별로 진전이 없는 것 같아 안타깝다.

장애인 취업을 본원적으로 확대하기 위한 나의 생각은 몇가지로 정리된다.

첫째, 일정한 규모 이상의 모든 기업이 장애인 의무고용기준을 지

경영의 현재형 소통(커뮤니케이션)이다.
경영의 미래형 역시 소통이다.
- 마쓰시타 고노스케

키도록 해야 한다. 원호대상자 가산점처럼 장애인들에게 가산점을 주도록 하는 방안도 법적으로 지원해야 한다. 지키지 않는 기업들에 대한 실질적인 규제가 뒤따라야 한다.

둘째, 국민들도 기업의 장애인 고용 정보를 활용하여 소비활동을 해야 한다. 선진국이 되려면 선진국의 국민들이 하고 있는 소비패턴을 배워야 한다. 장애인이 근무하지 않는 기업의 이익이 감소되도록 하는 현명한 소비가 필요하다.

셋째, 장애인들의 취업확대는 선진국이, 복지국가가 지향하는 당연한 의무이자 책임이다. 국가는 장애인들의 권익증진과 생존권적 취업을 위하여 발 벗고 나서야 한다. 교육기관도 장애인을 차별하지 않는 교육시스템을 구축해야 한다. 그리고 장애인 스스로도 스스로의 권익과 복지를 향상하는 이전보다도 훨씬 더 적극적으로 참여하기를 바래본다.

대한민국의 갈등

한반도가 남북으로 갈라져 있고 우리나라에 경상도와 전라도의 갈등이 지속되고 있는 것이 흡사 신라, 고구려, 백제의 경쟁관계가 아직까지도 계속되는 것이 아니냐고 농담처럼 말하는 사람들이 간혹 있다. 그런데 내 생각에는 우리나라가 수도서울과 인천·경기 중심의 수도권, 그리고 지방으로 분리되어 있는 것 같다.

그렇게 생각하는 것은 서울을 중심으로 선진국이 되려는 중앙(서울)의 철학과, 지방균형발전정책에서도 소외되고 그렇다고 중앙도 아니면서 소위 수도권이기에 역차별을 받고 있다고 주장하는 수도권(인천·경기)과 여전히, 영원히 모든 여건이 불리하다고 생각하는 지방이 존재하기 때문이다. 사실 수도권 규제를 둘러싸고 벌어지는 중앙과 수도권, 지방의 갈등이 그칠 날이 없다. 수도권정비계획법, 공장총량제, 그린벨트 같은 용어가 그러한 갈등을 해소하기 어렵다.

최근(2015) 통계를 보면 25,433,297명이 수도와 수도권(서울, 인천, 경기도)에 살고 있고, 이는 전국인구의 49.4%에 해당된다. 서울·인천·경기에 살아야 먹고 사는 일이 풀린다는 말과 부합되는 현상이다. 무엇을 해도 중앙이나 수도권에서 해야 그나마 된다는 얘기다. 각종 법규로 혜택을 주어도 경제, 교육, 문화 등의 중심이 지방으로 이동하지 않는다면 누가 지방으로 가겠는가. 경기도는 중소기업이 밀집해 있고 국가경쟁력의 원동력이 되는 지역이다. 경기도가 주장하

정말 중요하다고 생각하는 일은
모든 사람들의 뇌리에 새겨질 수 있도록
100번이고 반복해야 한다.

- 퍼시 바네빅

는 논리는 시장원리이다. 수도권 규제가 국가 성장에 도움이 되지 않는다고 주장하고 있어, 중앙 정부와는 사사건건 대립하고 있다. 영국이나 프랑스가 국가 경쟁력 제고를 위해 수도권 규제를 포기하였으니 우리나라도 수도권 규제를 포기하라는 것이다. 수도권의 신규 투자가 위축될 경우 국가 경쟁력이 떨어진다는 논리이다.

중앙과 지방이 동반 성장해야 한다는 것은 어느 나라든 최종적인 국가 목표가 된다. 국민들이 골고루 잘 사는 것이 국가의 목표가 되는 것은 당연하다.

어느 것이 우선돼야 하는지를 심각하게 고민해야 할 때이다.

남북문제

금강산 관광도 개성공단도 아직 움직이지 않고 있다. 그러나 개성공단을 다시 가동하기 위해서 정부당국자들은 물론이고 개성공단 입주기업의 경영자들도 최선의 노력을 경주하고 있다고 하니 곧 다시 가동되리라고 믿는다. 금강산 관광이 시작되고 개성공단에서 남북이 협업하여 생산한 제품들이 판매될 때만 해도 반세기를 넘어버린 분단의 아픔이 어느 정도는 치유될 수 있으리라는 희망을 가지고 있었는데 가끔 말썽이 난다.

같은 민족으로서 통일을 이루지 못하고 있는 현실을 보면서 지도자들의 영도력과 희생이 새삼 중요하다는 사실을 깨우치게 된다. 대한민국에 살고 있는 나로서는 남북문제는 분명히 북한 지도부의 잘못된 판단으로 지속되고 있다고 본다. 너무나 폐쇄적인 국가, 거주이전의 자유가 없는 국가, 옛날 왕조 시대에나 있을 법한 세습 정권이 유지되고 있는 국가, 아직도 동족을 향해 거침없이 불바다를 만들겠다는 위협을 하고 있는 북한이 때로는 애처롭게도 생각된다. 그러나 불과 몇 년 전에도 연평도 민간인들에게 포격을 해대는 것을 보면서, 우리나라 잠수함을 침몰시키는 것을 보면서 감성적으로만 북한을 대할 수는 결코 없다고 확신한다.

따라서 개성공단에 진출해 있는 기업들의 고충이 크겠지만 그렇다고 언제까지 북한의 군사적 위협에 굴복하여 북한과 협조할 수는 없

팀워크는 공통된 비전을 향해 함께 일하는 능력이다.
– 앤드류 카네기

는 것이니 이번 기회에 북한과의 경제협조에 분명한 기준이 마련되어야 할 것 같다. 정부도 이번에는 공단폐쇄도 불사하고 북측의 무리한 요구를 수용하지 않고 있다고 하니 잘한 일이다. 그래야 향후에도 기업들의 피해가 최소화되지 않을까 싶다. 또한 6·25전쟁을 겪은 세대와 전후 세대 간의 북한문제에 대한 해법 차이는 매우 크겠지만, 어떻게 하든 모두 진정으로 대한민국을 걱정하는 마음에는 이견이 없을 것이니 적어도 국민적 공감대가 형성된 북한에 대한 통일된 대처방안이 시급히 확립될 필요가 있다.

물론 우리나라가 명실상부하게 독자적으로 국방력과 경제력을 갖추고 있다면 남북한 문제가 쉽게 풀릴 수도 있을 것이다. 아직 전시작전권이 미국에 있고, 미국이 주요 경제 협력 국가라 독자적인 북한문제의 해법 내지는 대처방안이 쉬운 일은 아니다. 그렇지만 우리 사회에 엄연히 존재하고 있는 극단적인 논리 즉 극좌파와 극우파의 이념적 대립을 하루빨리 해소시켜야 한다. 우리나라의 대다수 국민들이 그렇게 되기를 희망한다고 본다. 사실 지금의 개성공단 문제도 우리 사회에 존재하고 있는 이념적 집단의 산물이 아닌가 하고 생각이 든다.

국가경쟁력 25위

2013년 스위스 국제경영개발연구원(IMD : international institute for management development)이 발표한 국가경쟁력' 자료에 따르면, 미국이 1위, 스위스가 2위를 차지했고, 우리나라는 경제 성과와 인프라 부문의 순위 상승에도 불구하고 기업 효율성 부문에서 낮은 평가를 받아 종합 22위를 기록했다고 했었다. IMD는 회계감사의 적정성이나 노사관계의 생산성 측면에서 한국의 기업 효율성이 악화했다고 지적하고, 한국경제의 도전 과제로 가계부채 완화, 양질의 일자리 창출 등을 제시했다.

2015년 IMD는 우리나라의 국가경쟁력이 25위라고 하니 이른바 경제 선진국 대열에 서 있는 경제협력개발기구(OECD : organization for economic cooperation and development)가입국으로서는 아쉽게 느껴진다. 여하튼 국가경쟁력이 25위고 국가경제력 즉 GDP(gross domestic product :국내총생산)기준 세계경제순위 13위를 넘나드는 국가임에도 경제 사정이 매우 어렵다고 한다. 정경유착 등에 의하여 왜곡되어온 국내 경제 구조가 개선되면서 나타나는 일시적 현상인지 아니면 국가경쟁력 평가가 잘못된 것인지 알 수가 없다. 국민 대부분이 우리나라의 경제사정이 어렵다고 말하고 있는 실정이다. 구인난과 구직난이 혼재되어 있고 청년들의 일자리 구하기가 심각한 사회문제로 대두되고 있는 실정이다. 그런데도

위대한 기업은 훌륭한 상품과 서비스를 제공할 뿐만 아니라,
세상을 더 나은 곳으로 만들기 위해 노력한다.
– 윌리엄 클레이드 포드 주니어

한편으로는 외국으로 나가는 관광객 수는 이 늘어만 간다고 하니 정말로 우리나라 경제가 어려운 것인지 믿기가 어렵다. 경제가 어렵다는데 자동차는 늘어만 가고 이제 한집에 자동차가 두 대 있는 집은 흔하다. 부익부 빈익빈의 현상이 심화되어 간다는 것은 인정할 수 있겠지만 경제가 어렵다는 말에 대해서는 다시 한 번 생각해 봐야겠다. 경제가 어려워서 기업의 부도가 속출하는 것인지 경제가 견실한 방향으로 재편되어가서 부도가 나는 것인지도 판단하기 어렵다. 나라는 부강한데 국민들이 느끼는 삶이 어려운 것인지.

국가의 경제가 어려우면 가장 어려워지는 것은 중소기업이다. 경제가 어려우면 대기업과 서민중심의 지원정책이 정부의 중심정책이 된다. 서민들은 생활고에 시달리니 지원을 하고 대기업은 국가 경제를 유지하는 기둥이기 때문에 지원하고. 중소기업지원정책은 뒷전이 되어 버린다. 자동차가 이천만대 이상 굴러다니는 나라에서 신규투자가 위축되어도, 세금을 제대로 못 걷어도 거의 모든 경제의 책임은 중소기업의 부도로 지게 된다. 참 안타까운 일이다.

경기도 주민으로서의 기대

경기도 인구는 2015년 1,200만을 넘어섰다. 서울특별시, 부산광역시를 포함한 6개 광역시, 세종특별자치시, 경기도를 포함한 8개도, 제주특별자치도 등 17개 우리나라 광역 행정조직 중 최다 인구를 보유한 것이 경기도이다. 인구가 천만을 넘어서는 곳은 경기도와 서울특별시뿐이다. 경기도에 살다보니 경기도가 참 재미있는 곳이라는 생각이 든다. 우리나라의 수도인 서울시를 둘러싸고 있고 경기도의 북부 지역의 북쪽 끝에는 북한과 대치상태인 이른바 군사접경지대가 있다.

수원시를 포함해 27개시, 가평군을 포함해 4개군 총 31개 시군이 있다. 도시와 농촌이 공존한다. 어촌도 있다. 안산시 단원구 대부동은 섬이다. 인구도 많이 살지만 삶의 방법도 천태만상이다. 천만 명이 살기에는 너무 좁다. 경기도를 수도권이라 한다. 그리하여 각종 규제가 장난이 아니다. 기업을 하려해도 쉽지 않다. 규제를 풀라치면 지방균형발전이라는 명분하에 수도권인 경기도는 불이익을 받기 일쑤이다. 그런데도 서울로 경기도로 사람들이 모인다. 지방보다는 먹고 살만하다는 이야기다.

그러다보니 경기도 주민으로서 살아가는 것이 쉽지만은 않다. 땅은 좁고, 인구는 많고, 서울 사람들에게는 지방 사람이라 취급받고, 지방사람들에게는 수도권 사람 취급받고. 정치인들도 처신이 쉽지

장사는 이문을 남기는 것이 아니라 사람을 남기는 것이다.

- 임상옥

않다고 한다. 경기도에는 사실 심각한 문제들이 꽤 존재한다. 낙후지역도 많고 수도권 규제 때문에 기업하기도 힘들다. 교통문제도 점점 심각해지고 있으며 대기오염도 심해지고 있다. 사회문제도 많이 발생한다. 경기 남부와 북부의 생활권역이 사실상 분리되어 있다. 그러니 남부주민과 북부주민의 주장이 너무나 달라 경기도의 일관된 정책 마련이 어렵다.

그렇다고 경기도의 문제가 하루아침에 해결될 가능성은 없다고 해도 과언이 아니다. 사실 경기도는 모든 면에서 우리나라의 중심지인 것은 확실하다. 경기도는 과거 동북아경제중심국가 건설이라는 대명제의 선봉에 있었다. 이제 지방분권이나 동북아중심국가라는 말은 문서에나 나오는 말이지만 그래도 우리나라가 잘되려면 경기도의 에너지를 잘 활용하여야 한다. 사람이 많이 모여 산다는 이야기는 먹고 살만한 것이 있다는 이야기다.

약육강식(弱肉强食)

약한자가 강자에게 먹히거나 지배를 당한다. 약육강식의 뜻이다. 사람이 사는 세상은 아마도 그렇지 않을 것이라고 생각하며 살아왔다. 동물의 세계는 변함없이 이 말이 적용된다. 그런데 나이가 들면서 점점 인간의 세계도 약육강식의 세상일뿐이라는 생각이 든다. 사자가 초원을 주름잡듯이 강한 사람이 세상을 주름잡는다. 힘으로 강하든, 머리로 강하든, 돈으로 강하든 강한자가 세상을 지배하는 것 같다.

살다보면 거의 예외 없이 체력이 강해 운동을 잘하거나, 머리가 좋아 공부를 잘하거나, 태어나면서부터 돈이 많거나 많이 벌은 사람들, 또는 정치에 발을 들여 권력을 잡은 사람들이 세상을 움직여 나간다. 그들은 사자 같기도 하고, 늑대 같기도 하고, 여우 같기도 하고, 곰 같기도 하다. 양처럼 순한 사람, 토끼처럼 겁 많은 사람, 돼지처럼 미련한 사람이 험한 세상을 끌어가지는 못한다.

부모가 자식을 그렇게도 가르치려는 것은 대개 여우처럼 약게는 살아야 그나마 험한 세파를 헤쳐날 수 있다는 경험에서 나온 것이 아닐까? 어떤 부모가 양처럼 살라고 가르칠까? 부모가 자식을 웬만해서는 선뜻 세상에 내놓지 않으려는 이유는 세상이 곧 "약육강식"의 논리에 지배되고 있다는 사실을 너무나 잘 알고 있기 때문이리라.

사람이 기록을 시작한 이후에 너무나도 많은 전쟁이 있었다. 몇 백

좋은 이익을 내는 기업의 고객은 친구나 동료들에게
매우 적극적으로 회사의 제품과 서비스를 추천한다.
- 프레드 라이켈트

만이 죽어나간 전쟁이 숱하게 있었다. 다행히 그런 무식한 전쟁이 줄어들고는 있지만 여전히 전쟁의 위협과 핵무기의 위협과 삶의 위협에서 사람들은 헤어나지 못하고 있고 아마 그런 날은 존재할 수도 없을 것이다. 인간이 아무리 뛰어나도 동물이기 때문이다. 생각만 틀려도 죽이려고 드는게 인간이니 더더욱 그렇다.

그래도 다행히 희망도 있다. 김수환 추기경도 있었고, 성철 스님도 있었다. 약육강식이 지배하는 세상에서 사람들이 평화롭게 공존할 수 있는 방법을 찾고 실천해 나가는 사람들이 존경받는 이유는 보통사람들이 할 수 없는 위대한 일을 하기 때문이다. 무한 생존 경쟁의 세상에서 약육강식의 논리에 지배당하지 않는 그들이야말로 정말 위대한 사람들이다. 알렉산더가, 나폴레옹이, 히틀러가, 스탈린이, 징기스칸이 얼마나 많은 사람들을 죽게했는지 우리가 영웅이요 위인이라고 부르는 사람들이 얼마나 많은 실망을 우리에게 안겨주었는지 다시한번 생각해 볼 일이다.

용수철(龍鬚鐵)

늘어나거나 줄어드는 탄력이 있는 나선형의 쇠줄을 용수철이라고 한다. 우리의 생활 구석구석에 용수철이 사용된다. 가장 가깝게는 책상위의 볼펜 속에도 있다. 늘어나거나 줄어들면서 그야말로 안 쓰이는 데가 없다. 용수철을 보면서 얻는 교훈이 있다. 사람의 행동도 용수철 같아야 쓸모있는 사람이 될 것 같다는 생각이 그것이다. 늘거나 주는 것이 정도를 넘어서면 용수철은 본래의 모습으로 돌아갈 수가 없다.

사람이 살다보면 그야말로 온갖 일을 다 겪게 된다. 일을 겪을 때마다 어떻게 처신해야 하는지 생각한다. 줄어들지 늘어날지. 참을지 화를 낼지. 잘못도 많이 하게 되는데 회복이 되는 잘못인지 회복이 불가능한 잘못인지. 최소한 용수철처럼은 살아야지 늘어나거나 줄어들지 않는다면 폐기처분될 수밖에. 그러나 분수를 아는 것이 말처럼 쉽지는 않다.

벌써 20년 가까이 지난 94년에 성수대교가 무너지는 어이없는 사고를 기억해본다. 당시 성수대교를 통과하던 차량운전자가 교각 이음새가 너무 벌어져 신고를 하였으나 서울시에서는 차량의 교량진입을 막지 않았고 결과적으로 32명의 사망자가 발생하였다. 아침이라 버스를 타고 등교하던 학생들의 희생이 컸다. 성수대교를 건설한 업체, 서울시, 정부가 여론의 질타를 받았지만 죽은 사람이 살아오겠는

새로운 아이디어는 연약해서
비웃음이나 하품을 받으면 쉽게 죽어버린다.
- 찰스 브라이어

가? 95년에는 삼풍백화점 붕괴로 502명이 세상을 등졌다. 99년에는 화성 씨랜드에서 23명, 인천 인현동 콜라텍에서 55명의 어린 학생들이 화재로 사망했다. 2003년에는 대구지하철 방화로 192명이 사망했다. 최근에는 세월호 사고로 전 국민이 비통해 했다.

살다보면 별의별 일이 다 생기게 마련이지만 그래도 정말로 어이없는 부주의나 실수로, 무책임한 처신으로 남의 소중한 목숨을 앗아가는 일은 용납하기 어렵다. 남의 목숨이 희생되어도 책임지는 사람은 아무도 없다. 그저 사과나 해명, 보상이 고작이고 몇 년 지나면 잊어버린 이야기가 된다. 성수대교붕괴로 딸을 잃은 아버지의 자살조차도 한 줄 보도로 그만이다.

우리가 살면서 용수철처럼은 살아야 한다. 싫든 좋든 너무 늘어나지도 너무 줄지도 않으면서 살아야지 사람의 도리를 하는 것이다. 무엇인가 분수를 모르고 지나치게 욕심을 부리거나 충분히 주의를 기울이지 않으면 쓸모없는 용수철이 될 뿐이다. 아무런 죄도 없는 남의 목숨을 소중하게 생각하지 않는 사고의 유발자들은 빨리 폐기되어야 할, 기능이 상실된 용수철이 아닌가.

보통사람들이 해야 할 일

좋거나 싫거나 사람들은 평생 일을 하고 살아가야 한다. 가만히 앉아서 밥만 축내고 살기에는 너무 짧은 것이 인생이다. 사회적으로 성공한 사람들이 가장 걱정하는 것이 젊은이들이 이 짧은 인생살이를 헛되이 보내지나 않을까 하는 것이다. 그래서 때로는 잔소리인 줄 알면서도 필요이상 참견을 하게 된다.

우리의 어릴 때 희망과 요즈음 젊은이들의 희망이 크게 다르지는 않다. 판사, 검사, 의사, 공무원, 과학자, 기술자, 건축가, 전문직, 교육자 등 - 연예인, 운동선수, 프로그래머 등이 추가된 것이 가장 큰 변화이다 - 이러한 희망은 부모님들의 희망과도 유사하다. 당연히 아이들한테 가장 큰 영향을 미치는 부모가 젊은이들의 희망을 좌우할 것이기에.

그런데 정작 많은 사람들이 선호하는 직업을 가지기 위해서는 엄청난 노력이 요구된다. 직업이 가지는 특성상 우수한 사람들이 해야 하는 것이 맞을 수도 있다. 보통사람들이 하기에는 적합하지 않을 수도 있다. 또, 대우도 좋고 남보다 낫기 위해서 더 많은 노력을 하는 것은 자연스러운 일이다. 하지만 여러 가지 직업 중에서도 판사, 검사가 꼭 일등만 하는 우수한 사람들이 해야 할 일인지 의문스럽다. - 다행히 로스쿨이 생겨서 평소 가지고 있던 걱정을 덜었지만 -

보스는 모든것을 알고 있고, 리더는 질문을 한다.
보스는 일을 힘들게 만들고, 리더는 흥미롭게 만든다.
- 러셀 유잉

사실 우리 사회를 찬찬히 살펴보면 보통사람 즉 학교성적으로 치면 중간인 사람들이 해야 더 좋을 직업들이 꽤 있다. 일등하는 사람들은 과학자가 되거나, 의사가 되거나, 건축가가 되거나, 기술자가 되거나 하면 좋을 것 같고 중간정도 하는 사람들이, 아주 상식적이고 평범한 사람들이 법조인이나 공무원이 되면 좋을 것 같다. 너무나 이른 나이에 사법고시나 행정고시에 합격해서 높은 자리에 가는 사람들이 많은 사람들을 판단하고 지도하는 자리에는 적합하지 않은 것 같다. 그래서 선진국들이 우리나라와 같은 고시제도를 운영하지 않는 것이 아닐까. 젊은이들의 미래 희망직업을 보면서 아직도 우리는 조선시대를 살고 있지 않나 하는 생각이 든다.

뿌리 깊은 회사

뿌리 깊은 나무는 바람에 흔들리지 않는다고 했다. 꽃도 좋고 열매도 많다고 했다. 나무는 말 그대로 뿌리가 튼튼해야 좋은 열매를 많이 맺을 수 있다. 세상의 이치도 이와 다르지 않은 것 같다.

기초 공사가 잘 되어야 건물이 높게 올라갈 수 있다. 사람도 그렇다. 어릴 때부터 좋은 교육을 받아 기초가 튼튼한 사람이 아무래도 사회에 나가 훌륭한 인재가 될 가능성이 크다.

2002년 월드컵 때 우리나라 축구 선수들이 4강의 위업을 달성할 수 있었던 것도 전후반 90분 동안을 쉴 새 없이 뛰어다닐 수 있던 강한 체력 덕분이었다. 뛰어난 테크닉도 체력이 뒷받침되지 않으면 기량을 발휘하는 것이 쉽지 않다.

회사도 그렇다. 이른바 잘나가는 회사가 되려면 회사의 건전한 재무구조나 좋은 인력, 직원들의 사기(士氣), 기업가 정신 같은 기본이 갖춰져 있어야 한다.

그런데 과거에 너무 어렵게 살아와서 그런지, 아직도 많은 사람들이 뿌리보다는 우선 쉽게 눈에 띄는 꽃과 열매만 보고 판단하는 경향이 있는 것 같아 안타깝다.

우리나라는 국토는 좁고 인구가 많다. 부존자원(賦存資源)이 적다. 석유 한 방울도 나지 않는다. 다행히 세계적으로도 높은 교육열 덕분에 우수한 인재들이 즐비하다. 세계 어디에 내놓아도 손색이 없는 기

자연을 정복하는 대신,
자연을 모방하는 경영이 승리한다.
– 노먼 마이어스

술자들도 숱하게 많다.

그런데 아직 노벨상을 받은 과학자가 한 명도 없다. 이것은 바로 기초가 약한 탓이다. 그러다 보니 모방은 하는지 모르지만 창의력 있는 인재를 길러내지 못하고 있다. 세계의 유명한 학력경시대회에서 수상한 학생들이 그렇게 많아도 이들을 제대로 키우는 학교가 거의 없다. 무엇인가를 새롭게 만들어내는 능력이나 새로운 분야에 도전하는 인재도 거의 눈에 띄지 않는다. 눈에 보이는 현실에 만족하기 때문이다.

아인슈타인 같은 인물이 우리나라에서 태어났다면, 과연 훌륭한 과학자로 성장할 수 있었는지를 생각해 본다.

회사의 지원도 그렇다. 겨우 수년 또는 한 해의 겉만 보고 판단하지 말고, 회사의 뿌리를 보고 판단해야 하지 않을까 싶다. 설립 때부터 현재까지의 재무 구조나 임금 체불, 주요 직원들의 재임 기간과 사기, 소유주나 경영자들의 철학과 신용 등의 상태를 살펴보고 과감하게 지원해야 하지 않을까…….

뿌리가 약하면 꽃이 좋을 수가 없고, 열매를 많이 맺을 수가 없지 않겠는가.

역지사지(易地思之)

'역지사지(易地思之)'라는 말이 있다. 상대의 입장에서 먼저 생각해 보고 이해하라는 뜻이다.

이 말은 '역지즉개연(易地則皆然)'에서 유래한 말이라고 한다. '역지즉개연'은 처지나 경우를 바꾼다 해도, 하는 행동이나 생각이 서로 같다는 뜻이다.

중국의 하우(夏禹)와 후직(后稷)은 하루에 자신들의 집 문 앞을 세 번씩 지나쳐도 들어가지 않았다. 공자(孔子)는 이들의 처신을 매우 훌륭하게 여겼다.

공자의 제자 안회(顔回)는 어지러운 세상에 물 한 바가지와 밥 한 그릇으로만 살았다고 하는데, 공자는 삶의 도(道)를 알고 실천하는 안회를 칭찬했다.

맹자(孟子)는 "하우와 후직과 안회는 같은 뜻을 가졌다. 하우는 물에 빠진 백성이 있으면 자신이 치수(治水)를 잘못하여 그들을 빠지게 했다고 여겼으며, 후직은 굶주리는 사람이 있으면 스스로 일을 잘못하여 백성을 굶주리게 했다고 생각했다"고 하면서, "하우와 후직과 안회는 처지가 바뀌어도 모두 그렇게 했을 것이다(禹稷顔子易地則皆然)"라고 말했다.

입장이나 처지를 바꾸어 생각해 보라는 말이 생기게 된 고사(故事) 유래인데, 공자와 맹자는 세 사람 - 하후, 후직, 안회 - 모두를 훌륭한

다른 사람의 속마음으로 들어가라.
그리고 다른 사람으로 하여금 당신의
속마음으로 들어오도록 하라.
- 아우렐리우스

사람이라고 생각했던 것 같다.

단적으로 말하면, 세 사람은 어떠한 경우에도 '내 탓이오'라고 할 사람들인 것이다. 책임감이 강한 사람이고, 물욕의 유혹을 뿌리칠 수 있는 사람들이라고 여겨진다.

물론, 상대의 입장을 고려한다는 것이 말처럼 쉽지 않다. 그러나 원만한 인간관계를 유지하며 성공적인 삶을 살기 위해서는 항상 상대방의 입장을 존중해 주는 마음가짐과 태도를 잊지 말아야 할 것이다.

직장에서도 출근이 늦은 직원을 혼내기 전에 반드시 그 늦은 이유를 들어 보면 어떨까 싶다. 게으름을 피우거나 늑장을 부려서 늦은 것이 아니고, 그럴 만한 사정이 있을 수도 있기 때문이다.

그리고 그 사정이란 것이 직원 스스로가 통제할 수 없는 상태의 것이라면, 맹자가 말한 '역지사지'를 떠올려 보라고 권하고 싶다.

이것을 실천하다 보면, 입장 바꿔서 생각한다는 것이 처음에는 상대방을 위한 일 같지만 결국은 바로 자기 자신을 위한 일임을 깨닫게 될 것이다.

〈삼국지〉를 읽어라

올해 큰아이가 대학에 들어갔다. 부쩍 자란 아이를 바라보며 여러 가지 생각이 오고 간다. 대견하고 고맙기도 하지만, 걱정도 많다.

아이가 경영에 관심이나 능력이 없는데도 회사를 물려주고 생각은 조금도 없다. 하지만 이 아이가 경영을 할 만한 인재로 자라, 기업을 이어받으면 좋지 않을까 하는 생각을 전혀 하지 않은 것은 아니다.

그러면서 경영자가 가져야 할 능력에 대해 곰곰 생각해 본다.

간혹 보면 경영자가 되기에 적합한 천성을 타고난 사람도 있다. 하지만 대부분은 경영자로서의 능력을 키워주는 것은 교육과 경험이 아닌가 싶다.

요즘은 유치원에서 대학까지의 교육이 보편화되어, 물론 우열은 있지만 학교에서 하는 공부의 양은 대동소이하다고 보인다. 다만 차이가 있다면, 어떤 책을 얼마만큼 읽었느냐의 치이라고나 할까.

이른바 교양 필독서나 추천 도서 형식으로 학생들에게 권해지는 책도 적지 않다. 베스트셀러까지 치면 읽어야 할 책이 참으로 많다.

그중에서도 남녀 불문하고 읽어보기를 권하는 책이 바로 〈삼국지〉이다. 특히 미래의 경영인을 꿈꾸는 아이들이나 조직에서 남보다 성공하고 싶은 사람들은 몇 번이고 읽어보라고 권하고 싶다.

주변에 특이하게 상황에 대한 대처 능력이랄까, 판단 능력이 유난히 뛰어난 사람이 있다. 회사에 어려움이 있을 때 가끔 의논을 하기도

일을 꾸미는 것은 사람이나,
그것을 이루는 것은 하늘이다.
- 〈삼국지〉 제갈량

하는데, 그럴 때마다 참으로 상황에 적절한 해답을 주곤 한다. 어떻게 그처럼 빠르고 정확하게 문제를 분석하고 판단하는지를 부러워하면, 공부는 안 하고 〈삼국지〉만 많이 읽어서 그렇다고 농담 삼아 말한다.

〈삼국지〉는 왜 그렇게 많은 사람들이 권하는 책이 되었을까?

〈삼국지〉에는 참으로 많은 사람들이 등장하고, 그 각각의 인물은 저마다 특성을 갖고 있다. 등장인물 하나하나가 다 주인공이다. 읽을 때마다 느낌이 다르고, 세상 경험을 간접적으로 하도록 도와준다.

어떤 때는 '유비'가 참으로 온화하고 덕스러운 성군의 기질을 지닌 사람으로 보인다. 반면, 어떤 때는 무능하고 결단력이 부족한 지도자처럼 느껴진다. '조조'는 난세의 간웅이라 했는데, 어찌 보면 카리스마 넘치는 영웅처럼 근사해 보이기도 한다.

이러한 매력 때문에 〈삼국지〉를 읽어보라고 권하게 되는 것 같다.

경영자 앞에 펼쳐지는 세상도 소설 〈삼국지〉에서 벌어지고 있는 세상과 크게 다르지 않다. 친구가 되기도 하고 적이 되기도 하는 세상을 〈삼국지〉를 통해 배우면서, 어려운 현실을 지혜롭게 헤쳐 나갔으면 하는 바람이다.

〈삼국지〉 인물평

기업을 하는 사람치고 〈삼국지〉를 한 번도 읽지 않은 사람이 있을까 싶을 정도로, 중국의 나관중이 쓴 〈삼국지〉(원래 제목은 '삼국지연의')는 베스트셀러 중의 베스트셀러다.

그 이유는 〈삼국지〉에 등장하는 다양한 인물들의 삶이 험난한 세상을 살아나가는 데 이정표가 되기에 충분하기 때문일 것이다. 물론 다소 과장된 측면이 없는 것은 아니지만, 소설이라는 게 본래 허구 아니던가.

그럼에도 〈삼국지〉에 나오는 인물들을 통해, 어느 정도는 기업 운영에 도움이 되는 통찰력을 얻을 수도 있다는 생각이 든다.

'유비'는 덕이 많은 사람의 대명사이다. 겸손하고 온화하다. 백성들을 사랑하고 아낀다. 그러나 때론 지나치게 우유부단하다. 결단력이 부족하여 기회를 놓친다. 이런 유비 같은 CEO는 직원들에게는 매우 이상적인 사장님으로 비칠 수 있다. 하지만 험난한 경기 침체기를 벗어나기에는 어쩐지 어려워 보인다. 소설에서도 결국 삼국 통일의 대업을 완수하지 못했다. 현대를 살아가는 최고경영자로서는 자질이 좀 부족해 보인다고나 할까.

'관우'는 그야말로 모든 임금이 부러워할 충신의 상징이다. 의리가 있으며 용장이다. 거기에다 무신에게서는 찾아볼 수 없는 온화한 성품도 갖추고 있다. 오죽하면 적국의 왕인 '조조'가 그리도 탐을 냈겠

백리 길을 갈 사람은 세끼 밥만 준비하면 되지만,
천리 길을 갈 사람은 석 달 양식을 준비한다.
– 〈삼국지〉 유비

는가? 그런데 관우도 약간은 인정이 많아 보인다. 기회가 왔을 때 관우가 조조를 제거했다면 유비가 삼국 통일을 할 수 있지 않았을까? 은혜를 갚는다고 조조를 살려준 것이 두고두고 화근이 된다. 사장님에게는 정말로 충직하고 의리 있고 능력 있는 부하 직원이지만, 결정적일 때 냉철해지지 못한다면 회사에 도움이 되는 임원일는지…….

'장비'는 맹장이다. 소설에서는 과장이 심했지만 혼자서 십만 대군을 물리치기도 한다. 흡사 호랑이와 같은 얼굴에다 성질은 난폭하기까지 하다. 그러나 유비, 관우와 의형제를 맺은 이후 단 한 번도 시류에 휩쓸리거나 의리를 저버리지 않는다. 신중함은 부족할지 모르지만 일단 결정된 일은 무섭도록 밀어붙인다. 아마도 장비 같은 부하가 회사에 있으면 대금 결제를 잘 하지 않는 거래처는 없을 것이다. 그런데 지나치게 성급하여, 중요한 일을 맡기기에는 왠지 불안하다.

단점 없는 사람이 어디 있으랴. 그러고 보면 경영자의 능력이란 것은 직원들의 장단점을 잘 파악하여, 그들의 능력이 조화롭게 힘을 발휘할 수 있도록 조정하는 데 있지 않을까?

〈삼국지〉는 읽을수록 세상살이에 도움이 되는 소설임이 분명하다. 고전 중의 고전이다.

오욕 칠정(五慾七情) 중 으뜸은 명예욕

불교에서는 사람의 다섯 가지 욕심과 일곱 가지 감정을 오욕(재물욕:財物慾, 명예욕:名譽慾, 식욕:食慾, 수면욕:睡眠慾, 색욕:色慾) 칠정(희:喜, 노:怒, 애:哀, 낙:樂, 애:愛, 오:惡, 욕:欲)이라 하고, 이를 벗어나야 해탈하여 부처가 될 수 있다고 말한다.

사람이 오욕 칠정을 벗어난다는 것이 현실적으로 가능한 일일까? 모든 사람이 부처가 된다면 낙원이 따로 없겠지만, 과연 기업가의 도전 정신이나 청년들의 야망이나 미지의 세계를 열어 나가는 모험 정신 같은 것이 없었다면 오늘날 인류의 역사가 존재했을까…….

오욕 칠정을 벗어난다기보다는 그러한 욕심과 감정을 통제하고 절제한다는 표현이 사람 사는 세상에서는 더 자연스러운 것이 아닐까?

흔히들 사람의 욕심 가운데 가장 큰 것이 돈(재물) 욕심이라고 한다. 돈이 있어야 살아갈 수 있으니까. 그런데 나이가 들수록 이름에 대한 욕심이 많아지니, 이것은 또 무슨 조화인가.

돈이란 것은 벌기도 하고 쓰기도 하고 잃어버리기도 한다. 잃으면 다시 벌면 된다. 그런데 이름은 그렇지 않은 것 같다. 한번 이름을 더럽히면 회복하기도 힘들고, 널리 알려진 이름의 명성을 유지하는 것도 쉽지 않다. 그런데도 많은 사람들이 이름을 남기고 싶어 하는데, 인간이란 존재가 사회적 동물이어서일까.

'호랑이는 죽어서 가죽을 남기고, 사람은 죽어서 이름을 남긴다(虎

너에게 명예가 오면 기꺼이 받으라.
그러나 가까이 있기 전에는 붙잡으려고 손을 내밀지 말라.
– J. B. 오라일리

死留皮 人死留名)'고 한다. 그러나 어릴 때는 이름을 남긴다는 말이 가슴에 크게 와 닿지 않았다. 그 시절에는 사람들이 전부 부처님이 아니었을까 싶을 정도로 무엇 하나 욕심이 없었다. 생활이 현실이 되면서부터 재물이 필요해지고 이름을 남기고 싶다는 욕심도 생겼으니, 서글프다고 할 수밖에…….

어떤 이의 이름을 듣는 순간 얼굴이 떠오르고 그 사람의 지위나 재산, 품성이 떠오른다. 이름은 말 그대로 그 사람의 역사라서, 이름 하나로 더 이상의 설명이 필요 없는 경우가 적지 않다.

그렇다면 어떻게 해야 이름을 남길 수 있을까? 이름을 남기려면 명예롭게 살아야 한다. 기업인은 기업인답게, 종교인은 종교인답게, 선생님은 선생님답게…….

혼자만 잘 먹고 잘사는 기업인보다는 직원들도 잘 먹고 잘 살게 하고, 나라의 경제도 걱정하면서 일익을 담당하는 기업인이 더 기업인답다는 얘기이리다.

먹고사는 일도 쉽지 않지만, 그래도 이름만 대면 많은 사람들이 알아주는 기업인으로 남고 싶은 욕심이 점점 커진다. 이것이 욕심 중에서 가장 버리기 힘들다는 '명예욕'이 아닐는지…….

계구우후(鷄口牛後)

불황이 계속되고 있다. 기업은 기업대로 쓸 만한 사람을 구하지 못하고, 능력이 있어도 직장을 구하지 못하는 사람들이 부지기수다. 이른바 구인난과 구직난이 동반되는 경제 불황의 늪에 빠져 있다.

실제로 경기 침체에 따라 일자리가 줄어든 것도 있지만, 먹고살 만하여 선뜻 아무 직장이나 가고 싶지 않은 구직자들도 많은 것으로 안다.

하기야 처음부터 좋은 직장에 발을 들여놓는 것이 그만큼 자신의 장래에 도움이 될 것이 분명하기에 이해는 간다.

구직자들이 대기업을 선호하는 이유는 개인적으로 다르겠지만, 대기업에 취직하려는 사람들의 심리는 대부분 비슷한 것 같다.

우리나라의 경우 대기업은 안정적인 직장으로 평가받는다. 중소기업의 경우 하루아침에 도산하는 사례가 많기 때문에, 대기업보다 불안하게 여기는 분위기다. 급여 면에서 볼 때도 대기업이 낫다. 그 밖에도 복리후생 시설이 잘되어 있고, 승진 제도도 잘 마련되어 있다. 이런 이유 외에도 대기업에 들어가야 제대로 일을 배워 장래에 창업을 하고 회사를 경영해 나가는 데 도움이 된다고 생각하는 사람이 적지 않다. 틀린 생각은 아니다.

특히 요즘처럼 경제가 힘들 때는 많은 사람들이 창업을 준비하고 '사장'을 꿈꾼다. 언제 일자리를 잃어버릴지 몰라 불안해하는 것보다

큰 사업이든 작은 사업이든 차이는 없다.
우리는 수요를 찾아내고 그것을 충족시킬 때 돈을 버는 것이다.
– 보니, 노엘 드류

는 자기 회사를 가지고 미래를 개척하는 것이 당연히 행복한 일이다.

그간 쌓은 경력을 유감없이 발휘할 수 있는 자신의 회사를 설립한다는 것은 더없이 보람 있는 일이며, 창업 자금까지 준비되어 있다면 성공할 확률도 높다. 아이디어와 기술만 있다면, 소호(SOHO : Small Office Home Office, 소자본 창업)도 훌륭하다.

그러나 별 대책 없이 대기업을 선호하는 것은 바람직한 일이 못 된다. '계구우후(鷄口牛後)'라는 말을 생각해 보라.

닭의 주둥이와 소의 꼬리라는 뜻으로, 큰 단체의 꼴찌보다는 작은 단체의 우두머리가 되는 것이 오히려 낫다는 뜻이다. 큰 조직에 들어가 심부름만 하는 것보다는 작은 조직이라도 경영 전반을 배우는 것이 장래에 더 도움이 된다는 얘기일 것이다.

대기업에 다닌다는 허울보다는 기업 경영의 전 과정을 배울 수 있는 탄탄한 중소기업에 입사하는 것이 미래의 창업에 대비하는 지름길이라는 점을 강조하고 싶다.

아울러 원대한 꿈을 가진 젊은이들에게 한 번쯤 '계구우후'란 말을 진지하게 생각해 보라고 권하고 싶다.

나이와 승용차

어쩌다 같은 일을 하는 사장들이 모이면, 규제가 많고 세금이 무서워서 대한민국에서는 장사하기가 힘들다는 얘기들을 많이 한다.

그런데 더 무서운 것은 나이인 것 같다. 나이가 많으면 우선 대접을 받는다. 누구나 나이를 먹게 되어 있으니 좋은 풍속일 수도 있다.

하지만 젊은 나이 때부터 기업을 운영해 온 경영자들은 공통적으로 이 점 때문에 적잖게 불편을 느끼곤 한다.

거래처를 방문했을 때 누구도 잘 반겨주지 않는다. 상대 회사의 직원이 심부름을 왔나 보다 하는 정도의 표정으로 주시한다. 명함을 내밀면 "사장님이세요?" 하고 재차 묻는다. 나이가 거래의 핵심은 아닌데 말이다.

같은 일을 하는 회사 사장님들의 모임에서도 마찬가지다. 대개는 회사 규모나 나이를 고려하여 자리를 배치하지만, 회사의 규모가 커도 젊은 사장이 윗자리에 앉으면 시선이 곱지 않다.

장유유서(長幼有序)의 전통에다, 분명히 선대로부터 물려받은 회사를 손쉽게 경영하는 철부지로 예단하는 경우가 대부분이다. 나중에야 모진 고생 끝에 회사를 키운 것을 알고 칭찬하지만, 그렇다고 사전에 일일이 설명할 수도 없으니 답답할 노릇이다.

어디 그뿐인가. 동분서주하며 바쁠 때는 회사 직원으로 하여금 운전을 하게 하는 경우가 있다. 몸을 서너 개로 쪼개어 일을 해도 모자

겉모습이란 속임수이다.
- 플라톤

라는 판이니, 이동 중에라도 쉴 수 있다면 그것이 일을 해나가는 데 도움이 될 수도 있다. 또한 주차하는 시간도 절약되고 몸도 덜 피곤하며, 차 안에서 전화로 급한 업무 처리도 가능하기 때문이다.

그런데도 젊은 경영자들이 운전기사를 두면, 그것이 건방져 보인다면서 만류하는 사람들이 적지 않다.

그런 것보다도 더 큰 애로사항은 수족같이 타고 다니는 차종에 있다. 수입 차인지 국산 차인지, 큰 차인지 작은 차인지……. 나이가 든 경영자들에게는 별 문제가 되지 않는 것이, 나이가 젊다는 이유로 신경을 써야만 한다.

차야 튼튼하고 편안한 것이 최고다. 큰 수입 차가 안전하고 편안하다고 하니, 형편이 되면 탈 수도 있지 않겠는가. 혹시 사고가 나도 안전한 것이 우선일 테니 말이다.

나이 든 사람을 예우하는 것이 불만스럽다는 얘기가 아니다. 그러나 어리거나 젊다고 해서 존중하지 않고, 타고 다니는 차나 앉아 있는 자리를 이해해 주지 않는다는 것은 좀 생각해 볼 문제다.

누구나 나이를 먹는다. 그러나 나이 자체가 모든 것을 무시하고 덮어 누르는 무기는 아니지 않겠는가.

골프와 영업

신문이나 잡지를 보면 골프 관련 기사가 넘친다. 그뿐인가. 대학생들의 수강 과목에도 버젓하게 이름을 올렸고, 동네 골프 연습장에만 가 봐도 골프라는 운동이 이미 대중화되어 있음을 실감하게 한다.

뿐만 아니라, 골프로 인해 창출되는 경제적인 측면이 막대하기 때문에 이미 골프 산업이라는 업종으로 자리 잡은 지도 오래다.

그러나 우리나라의 경우에는 여건상 경비가 많이 지출되고, 많은 시간이 소모되며, 국토가 좁은 나라에서 산을 깎아 만들다 보니 환경적인 문제까지 발생하여 사치스러운 운동 내지 비도덕적인 운동으로 각인되어 있는 것이 사실이다. 그러다 보니 골프를 한다는 것이 생각처럼 그리 마음 편한 일은 아니다.

가끔은 공무원들이나 정치인들이 시도 때도 없이 골프를 치러 다니다 자리에서 물러나기도 하는데, 물러나는 사람들을 위한 위로를 골프로 대신한다고 하니 웃음밖에 나오지 않는다.

기업의 경영자들도 골프 때문에 골머리를 앓기는 마찬가지다. 술 대접을 한다 하면 마다하던 사람들이 골프를 하자고 하면 잘 응하기 때문이다.

그렇지만 부킹하는 일도 쉽지 않고 경비도 많이 드는 데다, 무엇보다도 하루 종일 회사를 비우는 일이 마음에 걸리기 때문에 쉽게 청할 수가 없다.

그가 팔고 있는 상품이나 서비스를 사랑해야 함은
세일즈맨십의 유일무이한 근본이다.
– 앨비어트 하버드

사실 생각해 보면, 골프만큼 좋은 운동도 드물다. 남녀노소 누구나 어울려서 즐길 수 있는 운동이니 말이다.

과격한 동작이나 무리한 힘이 들어가지 않아도 되고, 누구나 조금만 배우면 쉽게 할 수가 있다. 필드에 나가면 몇 시간은 족히 걷게 되니 자연스럽게 운동이 된다. 요즘은 땅 밟기가 쉽지 않은데 잔디 위를 걷는 기분도 좋다. 같이 운동을 하는 사람들과 많은 대화를 나눌 수 있으니 일석이조라고 할까.

졸지에 골프 예찬론자가 된 것 같아 멋쩍기도 하지만, 운동으로서의 순기능이 아니더라도 경영자가 비즈니스의 장으로 활용하기에 골프만큼 좋은 것도 드물다.

그렇다면 값도 저렴하고 시간적 소모도 많지 않게 골프를 칠 수 있는 방법은 없는 것일까? 환경적 문제도 해결하면서, 우리나라의 실정에 맞는 골프 산업 정책을 마련할 수는 없는 것일까? 또한 경영자가 골머리를 앓으면서 골프를 하러 나가지 않도록 해줄 수는 없는 것일까?

요즘 불경기다 보니, 골프 산업까지 걱정할 만큼 시간이 남아도나 싶어 겸연쩍기도 하고 걱정스럽기도 하다.

부자(富者)가 나쁜가?

사람들은 흔히 만났다가 헤어질 때 '안녕히 가세요', '건강하세요', '사업 번창하세요'라고 인사한다. 그런데 가끔 '부자 되세요'란 인사말을 듣기도 한다. 명절 같은 때 집안 친지들과 나누던 인사말을 처음 보는 사람이 건네면, 왠지 어색하게 느껴지는 것도 사실이다.

하지만 '부자 되라'는 말보다 좋은 덕담이 있을까 싶다. 부자란, 재물이 많아서 살림살이가 넉넉한 사람을 가리키는 말이니 말이다.

연초나 새로운 사업을 시작하기에 앞서 토정비결이나 운세 따위를 보는 이유도 대부분이 부자가 되고 싶어서 보는 것이 아니던가.

그렇듯이 많은 사람들이 바라는 '부자' 되라고 하는 인사말이, 이상하게도 달갑지 않게 들릴 때가 있다.

한 나라가 잘 살려면 부가 축적되어야 하고, 그러려면 많은 부자들이 존재해야 한다. 가능하다면 모든 사람이 잘 살아야 좋은 나라가 되지 않는가. 뿐만 아니라 기업을 운영하는 근본적인 이유도 부자가 되기 위한 것일 텐데, '부자 되라'는 말이 거슬리는 것은 왜일까?

그것은 우리 사회 전반에 부자에 대한 부정적인 인식이 심어져 있기 때문이 아닐까……. '부자'를 부패한, 돈만 아는 사람으로 생각하는 풍조가 자리하고 있기 때문이 아닐까 싶다.

해방 이후 꾸준히 노력한 결과, 우리나라는 전 세계에서 열 손가락 안과 밖을 넘나드는 경제 대국이 되었다. OECD 회원국이 된 지 십

성공은 행복처럼 추구해서 얻어질 수 있는 게 아니고,
자신보다 위대한 일에 개인적으로 헌신하다
무심코 얻은 부가물처럼 생겨야 한다.
– 빅토 프랭클

년이 넘었고, 자동차가 천만 대 이상 굴러다닌다. 전염병이나 굶주림으로 연간 천만 명 이상이 죽어 나간다는 아프리카 대륙에 비하면 그야말로 지상 낙원이다. 그만큼 부자가 많은 것이다.

그런데 지상 낙원의 부자들이 욕을 먹고 있다. 그 이유는 '부자' 자체가 나쁜 것이 아니라, '부자'들이 욕먹을 짓을 했기 때문일 것이다.

개같이 벌어 정승같이 쓰라고 했던가? 그런데 아무래도 우리나라의 부자들은 정승같이 쓰는 방법을 모르는 것 같다. 사실은 개같이 버는 것도 곤란하지만, 정승같이 써야 할 재산을 개같이 쓰기 때문에 존경받지 못하는 것이 아닐까 싶다.

제대로 된 부자라면, 아무리 본인의 노력으로 얻은 부(富)라 하더라도 자신이 속한 사회의 구성원이 없다면 가능하지 않을 거라는 사실을 먼저 인식해야 한다. 때문에 자신이 가진 부를 사회의 구성원과 나누는 것이 진정한 부자의 자세인 것이다.

나누는 방법은 여러 가지이지만 대개는 자선이나 기부, 사회적 시설에 투자하는 형태로 나타나기 마련이다.

"부자 되세요!"

이 말이 최고의 찬사가 되는 인사말이었으면 하는 바람이다.

재벌(財閥) 이야기 - 1

우리나라도 이제는 어엿한 경제 대국이 되었다. 일일이 통계 자료를 거론하지 않더라도 틀림없는 사실이다.

부자도 많고, 재벌도 많다. 좋든 싫든 부자와 가난한 사람이 공존하면서 살아가야 하는 세상이다.

보릿고개도 옛말이 된 지 오래다. 동족상잔의 비극인 6·25 전쟁도, 군사 정권도, 민주화 투쟁도 어느덧 역사가 되어 버렸다. 전쟁이 난 지 어언 60년이 되어 가니 말이다.

그런데 21세기가 되어서도 우리 사회에 만연되어 있는 부자와 재벌에 대한 부정적 인식은 좀처럼 바뀌지 않고 있다. 모든 사람이 부자가 되려 하고, 모든 기업이 재벌이 되려 하는데도 말이다.

왜 그럴까? 부자가 되려고 기업을 운영하면서도 기업가들을 마치 도둑처럼 대하는 사람들을 보면 화가 날 때가 적지 않다. 그런 사람들의 아버지도, 남편도, 자식들도 다 자신들이 비난하는 회사에 다니면서 밥을 먹고사는데 말이다.

물론 이러한 생각이 다 틀린 것은 아닐 것이다. 과거에 수단과 방법을 가리지 않고 돈을 번 재벌 기업들이나 부자들이 부(富)에 대한 인식을 나쁘게 만든 것이 사실이기 때문이다.

담합이나 독점, 투기나 저임금을 통해 돈을 번 기업들이 한두 군데가 아니다. 그 결과 부정 축재라는 용어까지 나온 것이 아닌가.

장사라는 것은 자신을 위한 것이지만 동시에 세상을 위한 것이다.
상품을 파는 사람은 물건을 팔아서 이익을 얻고,
사는 사람은 가치 있는 물건을 삼으로써 이득을 얻는다.
- 나라무라 사요키치

하루 벌어 하루 먹고 사는 사람들도 많고, 성실히 일해도 미래가 암담한 기업들도 많다. 소득 격차는 계속 벌어지고 있다.

우리나라가 진짜로 풍요로운 사회가 되려면 다각도의 노력이 필요할 것 같다. 그런 노력 중에 꼭 포함되어야 할 것들이 적지 않다.

우선, 정부가 원칙을 지켜야 한다. 땀 흘려 일하는 기업들이 돈을 많이 벌 수 있도록 지원해야 한다. 예외로, 편법으로, 부정하게 돈을 벌 수 있다면 누가 성실하게 일하고 싶어 하겠는가. 똑같은 사안인데도 불공평하게 처리한다면 편법이나 불법이 판칠 것은 뻔하지 않은가.

그리고 이제는 소위 재벌 기업들이 축적된 부를 적극적으로 사회에 환원하는 모습을 보여야 한다. 과거에 어떤 과정을 통해 부를 축적했는가는 자신들이 잘 알고 있을 테니 말이다.

선진국의 기업주들처럼, 카네기나 록펠러처럼 자선 사업을 통해 부정한 부분들을 반성하면 좋지 않을까 싶다.

진정한 풍요로움의 선봉에 이러한 재벌 기업들이 있다면, 부정적인 인식이 조금은 희석되지 않을까……. 세상이 좀 더 따뜻하고 살 만하다고 느껴지지 않을까…….

재벌(財閥) 이야기 - 2

이제 건국 이후 1세대 재벌 기업가는 역사 속으로 사라졌거나 경영 일선에서 물러났다. 긍정적이든 부정적이든 그들의 기업 경영 방식이 우리나라의 경제 발전에 지대한 영향을 미쳤다는 것은 누구도 부인하지 못할 것이다.

요즘 그들의 경영 이야기를 자주 지면에서 읽게 된다. 정주영, 이병철, 박태준, 조중훈 등이 바로 그들이다.

그들이 땀과 눈물을 흘리며 재벌 기업으로 성장하기까지, 국가적 지원도 적지 않았지만 그와 함께 많은 부작용도 야기되었다.

그러나 공과를 논하기 이전에 그들의 경영 방식에는 오늘날의 우리가 본받을 점이 적지 않다. 특히 공통적으로 본받을 만한 점은 현장 경영 방식이 아닌가 싶다.

현역 기업인 가운데 현장 경영의 신봉자는 정몽구 현대·기아자동차 회장을 꼽을 수 있다. 그는 울산, 당진, 미국의 앨라배마 등 의사 결정이 필요한 곳은 어디든지 누비고 다닌다고 한다. 그곳이 제철소 공사 현장이든 자동차 주행 시험장이든 가리지 않고 다니면서 경영 현장의 문제점을 해결한다고 하니, 의사 결정의 방식으로는 최고인 셈이다. 이러한 경영 스타일은 아버지인 정주영 명예회장의 경영 스타일이기도 하다.

정 명예회장은 잘 알려져 있듯이, 소 한 마리를 끌고 남하하여 현대

당신이 하는 일을 즐기다 보면
돈은 반드시 따라오게 되어 있다.
– 제프리 버리너

그룹을 일군 전설적인 대기업가이다. 경부고속도로, 사우디아라비아 주베일 산업항, 울산 현대조선소가 그의 현장 경영에 의해 완성되었다고 해도 과언이 아니다.

현장 직원들은 불시에 나타나서 간혹 호령을 하기도 하는 정 명예 회장을 두려움과 존경으로 대했다고 전해지고 있다. 물론 지금과는 다른 정치적·경제적 환경에서 나왔겠지만, 밀어붙이기식 경영 스타일이라 하여 평가 절하하는 이도 없지 않다. 하지만 현장을 중시한다는 점은 모든 기업의 경영자가 배울 점이라고 생각된다.

기업을 운영하는 경영자가 현장의 문제와 애로사항을 제대로 파악하지 못한다면 어떻게 최선의 의사 결정을 할 수 있겠는가.

사실 경영자가 사무실 안에서만 의사 결정을 하고 있다면, 이미 그 기업의 실패는 예고되고 있다고 해도 과언이 아니다.

우리나라의 역사에 커다란 족적을 남긴 경영자들의 면면을 살펴보면, 우리가 배워야 할 점이 한두 가지가 아니다. 재벌 기업가들의 솔직한 경영 일화들이 지면에 더 많이 공개되어, 생생한 경영 체험을 했으면 하는 바람이다.

재벌(財閥) 이야기 - 3

지난해 찾아온 전 세계적인 경제 위기는 중소기업은 물론이요, 웬만한 대기업들도 거침없이 삼키고 있다. 해결책이 있는 것인지 없는 것인지도 모르겠지만, 경기가 좋아질 때까지 버티는 수밖에 다른 도리가 없는 것 같다.

그런데 가만히 보면 경제 위기가 오히려 전화위복의 기회가 되는 기업들도 종종 있다. 특히 굴지의 세계적인 재벌 기업을 하루아침에 합병해 버리는 회사를 보면 그저 놀라울 뿐이다.

지난해 12월, 일본을 대표하는 세계적인 전기 · 전자제품 메이커 '산요전기'가 경쟁 회사인 '파나소닉'의 자회사가 되었다. 1947년에 설립되어 일본의 전자업계를 호령하던 산요전기가 역사 속으로 사라지게 된 것이다. 이로 인해 파나소닉은 연 매출액 11조엔 규모의 세계 2위의 전기전자제품 메이커로 부상할 것으로 예측된다고 하니, 재벌 기업이라 해서 영원할 수는 없는 모양이다.

파나소닉(구 마쓰시타 전기)의 창업자인 마쓰시타 고노스케와 산요전기의 창업자인 이우에 도시오는 처남 매제지간으로, 일본의 경제 성장에 지대한 역할을 한 주역들이다.

그렇다면 휴대폰과 노트북, 하이브리드 자동차와 전기자동차에 사용되는 충전지로 세계 시장을 누비던 산요전기가 왜 도산했을까?

전문가들의 분석에 따르면 산요전기의 결정적인 실패 원인은 세습

사업이 대상으로 하고 있는 소비자들에 대한
확실한 이해 없이는 어떤 사업도 성공할 수 없다.
– 마이클 E. 거버

경영에 있다고 한다.

즉 산요전기 창업자의 장남인 이우에 사토시가 소유한 개인 기업이 산요전기로부터 막대한 이익을 챙겨왔다는 것이다.

여러 가지 방법을 동원하여 산요전기를 족벌 경영 체제로 운영하여 구조 조정과 개혁에 실패했고, 2008년 세계적 금융 위기가 닥치자 금융기관들은 이처럼 족벌 경영 체제를 고수하고 있는 산요전기에 등을 돌렸다고 한다.

한편, 파나소닉은 1990년대의 불황을 거울삼아 과감한 구조 개혁을 단행했으며, 2008년에는 '마쓰시타'라는 일본 고유의 회사 명칭을 국제적 브랜드인 '파나소닉'으로 바꾸는 등으로 기업의 경쟁력 강화와 이미지 제고를 위해 다각적인 노력을 기울였다. 그리고 그 결과, 산요전기의 새로운 주인이 된 것이다.

재벌 기업의 이러한 이야기가 중소기업이라고 해서 다를 것이 뭐 있겠는가.

위기를 전화위복의 기회로 삼을 수 있다는 사실을 기억하면서, 불황이 장기화의 조짐을 보이더라도 희망을 잃지 말아야겠다.

카네기를 생각한다 - 1

후세 사람들은 앤드루 카네기(Andrew Carnegie)를 철강왕이라고 부른다. 그가 미국에서 철강 산업을 가장 번창시킨 사람이기 때문에 붙여진 이름이다.

카네기는 1835년 11월 25일 스코틀랜드의 던펌라인(Dunferline)에서 태어나 1919년 8월 11일에 세상을 떠난 미국의 기업인으로, 세계적인 명성을 얻은 인물이다.

그의 아버지는 가내 수공업에 종사하는 직공이었는데, 그의 가족은 1848년 미국으로 이민했다. 어머니의 주장으로 이민을 했으며, 아버지는 진보적인 민주주의자였다고 한다.

미국의 펜실베이니아 피츠버그에 정착했으며, 카네기가 처음 직물 공장에서 일할 때의 주급은 1달러 20센트였다고 한다.

열세 살의 어린 나이에 하루 종일 공장에서 일을 하는 카네기의 모습을 떠올려 보면 가슴이 찡하다. 하지만 카네기는 성격이 쾌활했으며, 행동이 민첩하고 재기가 넘쳤다고 한다. 될성부른 나무는 떡잎부터 알아본다고 했던가.

1849년 봄에 피츠버그 전보국의 배달부로 주급 2달러 50센트를 받게 되었다.

어린 나이에도 불구하고 얼마 후에는 전보 배달부들의 우두머리가 되어 한 달에 20달러를 벌었는데, 당시로서는 큰돈이었다고 한다. 돈

돈 말고는 가진 것이 없는 사람만큼 불쌍한 사람도 없다.
– 앤드류 카네기

을 모아 부모가 집을 장만하는 데 도움을 주었으며, 토론회를 조직하여 활동하면서 시간이 날 때마다 도서관에 가서 많은 책을 읽었다고 한다. 나이 스물에도 부모에게 손을 내미는 우리나라의 청소년들에게 들려주고 싶은 이야기이다.

펜실베이니아 철도 서부 지역의 책임자인 스콧(Thomas A. Scott)의 눈에 들어, 스콧이 철도회사의 부사장이 되던 1859년에 24세였던 카네기는 서부 지역의 책임자가 되었다.

전보국에서 일했던 관계로 남북전쟁 발발 당시 링컨 대통령을 자주 만날 수 있었는데, 이것이 계기가 되어 노예제도를 반대하는 데 앞장서게 된 것 같다. 카네기가 애국주의자이면서 민주주의의 신봉자가 된 데는 링컨의 영향이 적지 않았던 듯싶다.

이후 카네기는 유망 사업에 대한 주식투자를 통해 자본가의 길을 걷게 되었다. 1872년 37세의 나이에 새로운 공정을 이용하는 강철 공장을 설립했으며, 1875년에는 펜실베이니아 출신 대통령의 이름을 딴 에드거 톰슨 제철 공장을 가동했다.

철강은 부지런한 카네기를 세계적인 부자로 만들어 주었다.

카네기를 생각한다 - 2

카네기가 철강 산업의 왕으로 자리 잡은 것은 오로지 일에 대한 정열의 산물이었다.

카네기에 관한 책을 읽다 보면 그가 얼마나 부지런하고 정열적인 인물인지를 절로 느낄 수 있다. 타고난 사업가이도 하지만 끊임없는 노력을 통해 마음먹은 일들을 처리해 나가는 그의 추진력은 경이롭기까지 하다.

카네기는 철강업을 통해서만 재물을 모은 것은 아니다. 여러 사업들에 투자했고, 대부분 성공했다. 타고난 사업가이기도 했지만, 타고난 투자가이기도 했던 것이다.

투자의 성공은 미래를 내다보는 안목에 달려 있다. 원가 절감, 생산성 향상도 카네기가 평생 몰두한 아이템이다.

그런데 카네기가 정작 최고의 명성을 얻은 분야는 지선사업이다. 그는 재물을 모을 때와 마찬가지의 정열로 자선활동에 참여했다.

그는 어린 시절의 가난함과 못 배운 것에 대한 한 때문인지 교육 분야의 투자에 관심이 많았으며, 특히 공공도서관으로 이용할 건물을 기부하는 데 앞장섰다.

그는 어떤 도시나 마을에서 도서관을 운영하고 싶다고 제안해 오면 망설임 없이 도서관으로 사용할 건물을 기부했는데, 그 수가 2,811개나 된다고 한다.

다른 사람을 부유하게 하지 않는 사람은
절대 부자가 될 수 없다.
- 앤드류 카네기

카네기는 유명한 단체나 기관보다는 돈이 필요한 작은 대학들에 지원하기를 좋아했고, 교회에는 오르간을 즐겨 기증했다.

도시 곳곳에 공원을 만들어 주고, 교육진흥연구를 위한 카네기재단(Carnegie Foundation for the Advanced of Teaching)도 설립했다.

1911년에 1억 500만 달러를 기부하여 뉴욕 카네기재단(Carnegie Corporation of New York)을 설립했는데, 그때까지의 개인 기부금액으로는 최고액을 기록했다고 한다.

지금부터 98년 전이니, 오늘날의 화폐 가치로 환산해 보면 천문학적인 액수가 아닐 수 없다.

카네기는 현대 산업화 과정의 투자 열풍과 철강 산업의 미래를 내다봄으로써 세계적인 부호가 되었다. 기업을 하는 사람들의 입장에서 보면, 앞날을 내다보는 그의 선견지명과 남다른 행동이 신화 속의 인물처럼 느껴질 정도다.

그러나 더욱 존경스러운 점은, 그 많은 재산의 대부분을 사회를 위해 투자(기부)했다는 사실이다.

많은 기업인들이 '제2의 카네기'를 꿈꾸었으면 좋겠다.

〈지구 환경 보고서〉를 읽고 - 1

서점에 들렀다가 우연히 눈에 뜨인 책이 있다. 〈지구 환경 보고서〉라는 책이다.

이리저리 뒤적거리다가 흥미로우면서도 놀라운 내용이 많아 사가지고 와서 대충 읽어 보았다. 그중에서도 우리의 생활과 밀접하게 관련된 몇 가지 내용을 메모했는데, 그것을 소개해 본다.

2050년이 되면 지구에 사는 사람들의 수가 89억에서 93억 정도가 된다고 한다.

어류의 감소로 대서양에서는 '대구'가 잡히지 않는다고 한다. 경제적 수익을 올릴 수 있는 어종의 90%가 멸종했다는 내용도 담겨 있다.

2100년에는 지구의 기온이 3.5도에서 8도 정도 상승하고, 해수면도 15㎝에서 95㎝ 정도 높아진다고 한다. 해수면이 높아지면 상대적으로 육지가 좁아지는 것이다.

이러한 현상은 지구 온난화의 영향으로 발생하며, 지구 온난화는 석유나 석탄 등을 사용하면서 발생하는 이산화탄소를 비롯한 인체에 유해한 각종 가스 배출에서 기인한다.

지구 온난화는 보건이나 주거·농업·산업 활동·출산 등 사회 경제 활동 전반에 변화를 가져오는 것은 물론이고, 극심한 더위·강우량 증가·사막화로 지역의 생태를 변화시킬 것이라고 한다.

성층권의 오존층 파괴로 자외선 차단막이 파괴되어 피부암을 일으

우리는 지구를 조상들로부터 물려받는 것이 아니라,
우리 후손들로부터 빌리는 것이다.
- 인디언 속담

키는 확률도 커진다고 한다.

석유와 석탄의 과다한 사용으로 비도 산성화되었다. 산성비는 건물과 금속의 부식을 가져오고, 토양이나 수질에도 악영향을 미친다.

또한, 매년 6만㎢가 사막이 된다고 한다. 200년 후면 지구상에 농경지와 목축지는 사라진다고 한다.

그간 지구에 살고 있던 생물이 시시각각 멸종되고 있다고 한다.

식량·광물·생물의 보고(寶庫)이며 기후 조절 및 운송에 기여한 지구의 70%인 바다가 생활하수, 공장 폐수, 해난 사고에 의한 독극물 등으로 자정 능력을 상실해 가고 있다고 한다.

자연의 섭리를 무시한 채 편리함만을 추구하는 인간의 극심한 이기심이 지구를 병들게 만들었다는 생각이 들어 마음이 심란했다,

자신이 하는 행위가 환경을 오염시키는 줄 뻔히 알면서도 '나 하나쯤이야' 하는 생각으로 합리화시키면서, 익숙해진 편안함을 좀처럼 포기하려 들지 않는 우리의 이기심을 어쩌면 좋단 말인가.

되도록이면 자동차 타는 것도 자제하고, 세제 사용도 가급적 줄이고, 분리수거도 철저히 하면 병든 지구가 조금은 회복될 수 있을는지……. 자못 걱정스럽다.

〈지구 환경 보고서〉를 읽고 - 2

〈지구 환경 보고서〉를 읽다 보니 기운이 없어진다.

지구 환경을 마구 파괴하고, 경제적 이익만을 취한 인간의 이기심 때문에 결국 지구상에 존재하는 모든 생명체가 사라질 수밖에 없단 말인가? 지구상에 인류가 출현한 이래 그렇게 전쟁이 많아도 지구는 멀쩡했는데…….

수천 년 전부터 세상이 망할 것이라고 예언한 사람들은 적지 않았다. 하지만 그간에도 잘 버텨 왔으니까, 지금부터 신경을 쓰면서 지구를 잘 보살피면 건강한 모습으로 돌아올는지…….

이 보고서에 의하면, 앞으로 인류에게 닥칠 재난 중 가장 시급하고 위험한 것은, 지구상의 생명체에게 없어서는 안 될 물의 부족 현상이라고 한다.

2025년이 되면 세계의 가정용·산업용·가축용으로 사용될 물의 공급이 현재의 50% 정도밖에 되지 않을 것이며, 세계 인구의 약 40%가 물의 부족으로 불편을 겪게 되어 전쟁을 하는 상태에 이를 것이라고 경고하고 있다.

불과 16년 후면 닥칠 일이다. 설사 물을 차지하기 위해 전쟁은 하지 않는다 하더라도, 적어도 물이 지금의 석유처럼 경제를 지배하게 되는 것은 아닐는지…….

환경을 지키기 위해 정부나 기업들이 많은 노력을 하고 있는 것으

대자연은 인간이 사는 거리와 멀리 떨어져
자연만이 혼자 있을 때 가장 번영한다.
- 솔로

로 알고 있다. 환경 관련 세금도 적지 않다. 수질 개선 부담금이나 배출 부과금이 그런 것들이고, 이미 선진국들에서는 오염에 대한 권리까지 증권화하여 매매하고 있다고 한다.

이러한 노력들이 형식적인 것이 아니라 실질적인 활동으로 연결되고, 구호로만 외칠 것이 아니라 우리 생활 자체를 바꿀 수 있는 획기적인 대책 마련이 시급하다는 생각이 든다.

생각해 보면, 자연환경은 항상 생물의 생존과 진화에 영향을 미쳐왔다. 경제 활동 역시도 환경을 벗어나서 생각하기 힘들다. 인간에게 필요한 무엇 하나도 자연의 도움을 받지 않는 것이 없다.

당연히 경제계는 환경계에 속하고, 환경을 유지하지 못하면 경제의 흐름도 정지될 수밖에 없다. 그리고 환경계의 변화에 따라 경제계의 흐름도 바뀔 수밖에 없는 것이다.

인간의 경제 활동이 지구 환경을 바꾸었으니 환경계가 경제의 흐름을 변화시키는 것은 당연하다고 생각한다.

게다가 현재 지구상에 살고 있는 우리가 지구의 주인도 아니지 않은가. 다만 잠시 빌려 쓰다가 후손에게 물려줘야 하는데, 이렇게 함부로 써서 병들게 해도 된단 말인가?

〈지구 환경 보고서〉를 읽고 - 3

기업이 물을 파는 일은 어제오늘의 일이 아니다.

뿐만 아니라, 제주도에서는 공기까지 용기에 담아 판다는 기사를 읽은 적이 있다. 지구 환경이 오염되면서 환경 관련 제품(?)이 점점 상품 가치가 커지고 있는 것이다.

물은 약 30억 년 전부터 바다와 하늘과 육지를 순환하는 것으로, 우리는 그야말로 물이라는 것이 땅만 파면 샘솟는 것으로 인식하며 살아왔다. 아니, 수도꼭지만 틀면 쏟아지는 것으로 알고 살아왔으니 아낄 필요도 없었고, 사고팔 이유도 없었다. 사방 천지에 물이 있으니 말이다.

물을 사고판다는 것은 수요와 공급이 존재한다는 말이다. 물은 이제 더 이상 땅만 파면 샘솟는 무진장한 것이 아니라는 얘기다.

요즘 세상에서 석유처럼 유용한 자원이 없을 것이다. 지하에서 퍼올려서 가공을 하여 판매하니 거저 줄 수는 없는 귀한 자원이다.

경제 활동의 대부분이 석유에 의존하는 바가 크기 때문에 '오일 쇼크'라는 용어도 생겼고, 산유국의 입김도 세졌다.

석유가 인류의 생활에 더할 수 없이 중요하다고는 하지만, 석유가 없으면 과연 살지 못할까? 불편이야 하겠지만, 죽지는 않을 것 같다.

그런데 물이 없으면 어떨까? 물은 이용의 문제가 아니라 생존의 문제이다. 그래서 물을 사고파는 세상이 된다면, 지금보다도 훨씬 경쟁

자연은 결코 우리를 속이지 않는다.
우리를 속이는 것은 언제나 우리 자신이다.
- 장 자크 루소

이 치열해질 것은 불을 보듯 분명하다.

국내외 유수의 기업들이 그린 비즈니스의 핵심 사업으로 물을 선택하고 있는 것을 봐도 알 수 있다. 물이 돈이 된다는 얘기다.

지난 20년간 하천이나 호수, 지하수, 습지가 훼손되어 전 세계의 담수어(淡水魚 : 민물고기) 1만여 종 가운데 20% 정도가 멸종했거나 멸종 위기에 놓여 있다고 하니, 문제가 사뭇 심각하다.

미래에는 산유국(産油國)이 아니라 산수국(産水國)이 되어야 잘사는 나라가 되는 것이 아닐까?

현재 지구상의 최고 수자원 보유국은 캐나다이다.

캐나다, 러시아, 브라질, 인도네시아, 중국, 컬럼비아가 전 세계의 재생 가능한 담수량 4만 700입방 킬로미터(40,700㎦) 중 약 50%를 차지하고 있다고 한다. 부럽기만 하다.

우리나라에서는 4대 강 개발 사업을 두고 갑론을박하고 있는데, 그것이 과연 어떤 결과를 가져올는지……. 우리도 캐나다처럼 물 걱정을 하지 않는 나라가 될 수 있는 건지 잘 모르겠다.

아무튼 '개발'이라는 미명 아래 더 이상 지구가 몸살을 앓지 않았으면 좋겠다.

그린 비즈니스에 대비한다

세상은 온통 녹색(Green)에 빠져 있는 것 같다.

농업 혁명과 공업 혁명을 거쳐 정보 혁명 시대에 진입한 지 불과 수십 년인데, 선진국이나 글로벌 기업 들은 이미 그린 혁명에 나선 느낌이다.

친환경 기술이나 재활용, 재사용의 기술이 없이는 기업들이 생존할 수 없다는 얘기를 자주 듣는다.

미국 오바마 대통령이 신재생 에너지 분야에 앞으로 10년간 1500억 달러를 투입하여 일자리 500만 개를 만들겠다고 공약한 것은 잘 알려진 일이다. 이른바 그린 비즈니스를 의미하는 것인데, 이러한 경영 방식이 미래에는 돈이 된다는 것이다.

자원의 재활용은 그린 비즈니스의 핵심 분야라고 한다. 이런저런 이유로 지구의 자원이 고갈되고 있는 마당이니, 그린 비즈니스가 돈이 된다는 사실은 더 이상 의심의 여지가 없는 것 같다.

이산화탄소 배출을 최소화하고, 에너지의 효율성을 최대화하는 에너지 절감 기술도 새로운 그린 비즈니스에 속한다.

이미 일본에서는 하이브리드 자동차를 실용화하고 있고, 연료 효율을 더욱 높이려고 노력하고 있다. 얼마 지나지 않아 대기 오염을 최소화시킨 일본의 하이브리드 자동차가 전 세계 자동차 시장을 석권할지도 모른다. 일본은 친환경 기술에 미쳐 있다고 해도 과언이 아닐

문제를 지나쳐 버리는 것은
당신의 기업을 죽이는 가장 확실한 길이다.
– 제인 애플게이트

정도로 그 열기가 뜨겁다.

이 밖에도 태양열이나 풍력, 조력, 전지 등을 활용하는 새로운 에너지 개발 계획에 많은 기업들이 참여하고 있다고 한다.

그린 비즈니스에 대해 과열 경쟁이나 거품이라는 말로 그린 비즈니스를 비판하는 목소리가 높은 것도 사실이다. 하지만 그린 비즈니스가 새로운 시장의 중심으로 떠오른 것이 세계적인 추세이기 때문에 투자자들의 관심이 집중되는 것은 자연스러운 현상이라고 할 수 있다.

그러다 보니 중소기업들에도 그 여파가 적지 않게 미치고 있다. 실제로 얼마 전 가까운 일본과 중국을 돌아보니 곳곳에서 환경친화적 경영에 매달리고 있었다.

이미 두 나라에서는 주물(鑄物)을 만들 때 사용하는 기존의 주물모래가 공정 중에 먼지가 많이 나는 점에 주목하여, 먼지를 줄이기 위한 가공모래를 생산하고 있었다. 정말이지 금방이라도 그린 비즈니스의 열풍이 회사 앞나당으로 몰아칠 것만 같다.

이럴 때 팔짱만 끼고 구경한다면 경영자가 아니다. 중소기업이라고 해서 늘 뒷북만 치란 법은 없지 않겠는가.

오늘도 그린 비즈니스를 배우기 위해 책장을 넘긴다.

'위원회'의 역할과 기능이 무엇일까?

기업을 운영하는 사람들은 한가롭게 앉아서 생각에 잠길 겨를도 없이 하루가 바쁘게 돌아간다. 너나없이 일상생활이 바삐 돌아가지만, 특히 사업체를 운영하는 사람들은 업무 이외에 자신만의 시간을 갖는 것이 좀처럼 허락되지 않는다.

조그만 식당 하나를 운영해도 새벽부터 밤늦게까지 뛰어야 하는 것이 사업이다. 때로는 공무원이나 교사, 월급을 받고 일하는 사람들의 넉넉함이 부럽기도 하다.

그래도 간혹 업무 이외의 일로 모임이나 회의에 참석하는 경우가 있는데, 그중 하나가 '위원회'라는 명칭의 회의이다.

아이들의 학부모이자 기업을 경영하고 있다는 이유로, 학교 운영위원회에 참여한 경험이 있다. 그것도 위원장이라는 타이틀로. 또한 S시의 시정 자문위원회도 마찬가지이다. 기업을 운영하다 보니 지역경제 발전을 위한 자문위원이란 이름을 몇 년째 달고 있는 것이다. 그리고 민사 조정위원으로 참여하여 주로 기업과 관련된 소송 건에 자문을 해주는데, 보람 있는 일 중 하나로 생각하고 참여하고 있다.

우리나라의 정부기관이나 지방자치단체에는 수많은 위원회가 있다고 한다. 하지만 그중 상당수는 활동을 하지 않는 이름뿐인 위원회라는 사실을 알게 되자, 왠지 씁쓸레한 느낌이 지워지지 않는다.

그러고 보니 주변의 상당수 사람들이 무슨 위원회의 위원으로 활

소비자는 상품을 기다리는 것이 아니라
상품이 필요한 이유를 기다린다.
– 허산형

동하고 있었고, 어떤 조직이든지 위원회가 없는 조직이 없었다. 위원회라는 것이 여러 사람들을 모아 놓고 그럴듯한 모양새로 일을 처리하는 데는 최고인 모양이다.

경험상 대략 삼분의 이 정도의 위원회는 회의 내용에 별다른 알맹이가 없었으며, 위원들을 모이라고 한 이유가 형식을 갖추기 위함이라는 생각이 떨쳐지지 않았다. 제발 이러한 생각이 틀렸기를 바란다.

논의 과정도 없었고, 의사 결정 과정도 민주적이 아니었다. 결론을 이미 내놓은 다음, 박수 받고 형식적으로 사인 받으려고 부른 것 같다는 느낌이 자꾸만 들었다. 참석한 사람들이 여간 바쁜 사람들이 아닐 텐데, 시간 낭비를 하는 것이 아닌가 하고 걱정도 되었다.

그런데 이런 생각을 옆 사람에게 말하니, 그냥 잠자코 있으라고 하는 것이 아닌가. 이런 데 와서는 이의 같은 것은 달지 않고 그냥 밝게 웃으면서 얌전하게 앉아 있는 것이 매너인 모양이다.

기업이 다 같은 기업이 아니고 사람이 다 같은 사람이 아닌 것처럼, 위원회라고 다 같은 위원회가 아니라는 사실을 새삼 깨달았다.

이왕 '위원회'라는 것을 만들었으면, 역할과 기능을 제대로 하도록 운영되면 얼마나 좋을까…….

Boys, Be Ambitious!

"Boys, Be Ambitious!(소년들이여, 야망을 가져라!)"

너무나도 유명한 이 말을 남긴 클라크(William S. Clark)는 학자이자 정치가이다.

클라크가 일본과 인연을 맺은 것은 1876년, 그의 나이 50세 때였다. 일본이 농과대학의 육성을 위해 미국의 그랜트 대통령에게 전문가 파견을 요청했는데, 그때 그 임무를 맡고 일본에 오게 된 것이다.

삿포로 농업학교(홋카이도 대학의 전신) 부총장으로 부임하여 화학과 동식물학, 기독교 윤리학을 가르쳤다.

일본에서의 체류 기간은 불과 8개월이었지만, 그가 일본을 떠날 때 자신의 제자들에게 이러한 말을 남기면서 '꿈'을 심어준 것이다.

그런가 하면, 서울대학교 총장을 비롯하여 문교부·보건사회부·환경처 장관 등을 역임한 우강 권이혁 선생이 90을 바라보는 나이에 〈어르신네들이여, 꿈을 가집시다!(Old boys, be ambitious!)〉라는 제목의 책을 출간하여 화제가 되기도 했다.

또한 세계적인 과학자이자 석학인 아인슈타인은 '지성보다 더 중요한 것은 꿈'이라고 했는데, 그러고 보면 나이와 상관없이 삶의 열정을 가진 인간이 품을 수 있는 원대한 이상(理想)이 '꿈'이 아닐까 싶다.

'Ambitious'란 출세·명예·권력·재산 따위를 열망하며 노력하는

일찍이 어떤 고객도 팩스나 전자레인지,
휴대폰을 개발해 달라고 요청한 적이 없다.
- 에드워드 데밍

이른바 '대망을 품는 것'을 의미하고, 'Dream'은 꿈·희망·소원·몽상(夢想) 등을 의미한다.

그렇다면 우리말의 '꿈'이라는 단어에는 어떤 뜻이 담겨 있을까?

잠자는 동안에 깨어 있을 때와 마찬가지로 여러 가지 사물을 보고 듣는 정신 현상, 실현하고 싶은 희망이나 이상(理想), 실현될 가능성이 아주 적거나 전혀 없는 헛된 기대나 생각 등……. 그 뜻이 여러 가지이다.

자신들의 분야에서 많은 업적을 이뤄낸 것은 물론이고 사회에 헌신한 사람들이 말년에 들어서까지 꿈에 대해 논하는 걸 보면, 우리 삶에 있어서 '꿈'만큼 중요한 것은 없지 않나 하는 생각이 든다.

물론, 클라크가 일본을 떠나면서 말한 '야망'이나 권이혁 선생과 아인슈타인이 얘기한 '꿈'은 허황된 기대나 열망을 뜻하는 것이 아니다. 그들이 말한 '꿈'은 목표니 이상을 위해 열심히 노력하는, 행동에 근거하여 실현가능한 '소망'을 말하는 것이다.

'꿈'은 젊은이들의 특권이라 해도 과언이 아니다. 그들에게는 시간과 열정이 있다. 다만 좀 더 필요한 것은, 분명한 목표를 설정하고 노력하겠다는 실천 의지이다. 어르신네들도 꿈을 가지는 이 시대에 청년들이야 말해 무엇 하겠는가.

글을 맺으며

교과서에 나온 내용은 경영 현장에서도 크게 적용되지 않았고, 인생에도 그리 도움이 된 것 같진 않다. 아마 앞으로도 그럴 것이다.

세상이 교과서의 내용처럼 전개된다면, 살아가는 것이 수월할지는 모르지만 재미는 없을 것 같다.

이런 글을 쓰다 보니, 그간 겪었던 일이 한편의 드라마처럼 펼쳐지면서 갖가지 생각이 오고간다.

여자가 대학에 가서 뭐 하냐고 하시던 부모님의 확고부동한 생각을 이기지 못해서 고등학교를 졸업하자마자 무역회사에 취직을 했고, 그곳에서 10여 년간을 일했다.

너무나 다행스럽게도 훌륭하신 사장님을 만나 그곳에서 많은 일을 배웠으며, 장래 사장이 되고 싶다는 꿈까지 키울 수 있었다. 첫 번째 직장이었던 이곳은 내 인생을 다시 시작하는 계기를 마련해 준, 잊을 수 없는 고마운 곳이다.

그러나 대부분의 여성이 그렇듯이, 결혼하고 애를 낳으면서 나의 꿈도 물거품이 되어 버렸다. 그저 조신하게 살림만 잘하면 되는 아줌마가 되었다.

그래도 당시 서울의 중심인 명동에 자리한 무역회사에서 일할 때는 꽤 잘나가는 직장인이었다. 일처리 솜씨가 좋았는지 사장님의 칭찬이 시도 때도 없이 이어져서, 선배나 동료 직원들 특히 여직원들 사이에서는 시기의 대상이 될 정도였다. 그때 나는 그냥 일이 좋았고, 여자라는 생각도 없었다.

1997년 6월, 오랫동안 갖고 있던 꿈의 실현을 위해 회사를 오픈했다. 네 사람이 모인 작은 회사였지만, '기성철강'이란 배의 출발을 알리는 신호탄을 쏜 것이다. 반듯하게 벌어서 보람 있게 쓰겠다는 야무진 꿈을 안고서, 세상이란 거친 바다로 나섰다.

지금도 그렇지만, 철재를 파는 일은 남성들의 전유물이던 시절이었다. 건설회사며 자동차회사가 주된 거래처라 만나는 사람들 역시 남성들이었다. 그러다 보니 내가 남자라고 생각이 들 정도가 되었다.

말솜씨며 행동이나 성격이 그렇게 변한 것이다. 어떤 때는 여성들을 만나 회의를 하거나 대화를 할 때 지나치게 세심하고 소심한 여성들이 답답해서 죽을 지경인 경우도 많았다.

2002년 봄에는 '다보스틸'을 설립했다. 거래처가 늘었고, 무엇보다도 취급하는 품목이 많아지니 자연스럽게 회사가 필요했다.

혼자서 경영하는 것이 벅차기도 하여 간부급 직원들을 영입했고, 새벽에 집을 나서서 한밤중이 되어야 집으로 돌아가는 일이 다반사가 되었다. 회사란 살아 있는 생명체와 같아서, 잠시만 신경을 덜 써도 표시가 나기 때문에 좀처럼 긴장을 늦출 수가 없었다.

철강 업계에는 여성 경영자가 매우 드물다. 여자가 철판이나 철근,

H빔 등의 철강재를 파는 일이 쉽지 않아서이기도 하겠지만, 여자와는 어울리는 일이 아니라는 이미지 때문이 아닐까 싶다. 그런데 그런 회사를 둘이나 만들었으니, 그야말로 별난 여자인 셈이다.

물론 남성들 틈에 끼어서 사업을 하는 것이 쉽지는 않다. 하지만 꼭 철강재를 팔기 때문에 힘든 것이 아니라, 여자 경영자를 보는 사회 편견 때문에 더 어렵다. 회사 초창기에는 돈을 빌리려면 남편의 보증을 요구했다. 한마디로 웃기는 일이었다.

더 웃기는 것은 경영자가 아니라 여자로 보고 대하는 사회적 풍토였다. 지금은 여성 기업인도 많아졌고 분위기가 많이 달라졌지만, 90년대만 해도 여자가 차를 몰고 나가도 욕을 하는 사람이 있었다. '집에서 밥이나 할 것이지, 왜 나와서 교통만 혼잡하게 하느냐'면서……. 지금은 잘 도와주지만 그때는 남편도 틈만 나면 욕심이 많다고 말리곤 했었다.

2004년 가을에는 '유성 T&C'를 만들었다. 모르는 사람들은 욕심이 많다고 하겠지만, 회사를 경영하는 사람들은 안다. 만들 수밖에 없는 상황이 된다는 것을…….

기업은 움직이는 생명체다. '멈춤'이란 회사 문을 닫을 때에만 나올 수 있는 말이다. 다른 기업이 열 걸음 뛰면, 스무 걸음을 뛰어야 살아남는다. 현재의 상태에 안주하려고 하는 순간 도태되고 만다.

호사다마(好事多魔)라고 했던가? 좋은 일이 있으면, 꼭 좋지 않은 일이 따르기 마련이다.

2005년에 회사를 확장할 때 영입한 간부 사원이 몇몇 거래처에 대량으로 외상 판매를 했다. 그 간부 사원의 말만 믿고 별다른 의심을 하지 않았다.

그런데 어느 날 신기하게도 해당 거래처 전부가 부도를 냈다. 커다란 거래처들이 일시에 부도를 내니, 회사는 존폐의 위기에 처하고 말았다.

조사 결과, 처음부터 공모한 사기극이었다. 여성 경영자를 우습게 본 간부 사원의 치밀한 각본에 따른 부도였다. 사기의 전모는 밝혀졌으나 대금 회수는 어려웠다. 이 일을 처리하는 데 수개월이 걸렸다.

이리저리 재산을 정리하여 가까스로 부도의 위기를 넘겼지만, 이런 일이 생기면 가장 먼저 등을 돌리는 건 은행이라는 사실을 다시 한번 실감했다.

중소기업은 수익성보다는 안전성을 택해야 한다고 누누이 주장하는 이유가 이런 기가 막힌 일을 겪어봤기 때문일 것이다. 어쨌든 장사는 신용이고, 신용은 지급 능력에서 온다는 것은 새삼 말할 필요가 없다.

이 세상에서 일확천금(一攫千金)을 바라는 것처럼 어리석은 일은 없다고 생각한다. 사기꾼들이나 그런 생각을 하는 것이 아닐는지.

누구나 느끼겠지만 살림이 커질수록 힘이 든다. 대기업이야 인력이 넘쳐나니 경영자의 고충을 덜어줄 사람도 많겠지만, 중소기업은 사장이 처음부터 끝까지 모든 것에 관심을 갖고 챙기면서 참견해야 한다. 나누기에는 작고, 혼자 하기에는 벅차다고 해야 할는지….

병점에 기성철강 본사가 있다. 발안에는 철골 제작 공장을 두어 철강재 구조물 공급의 One-Stop 서비스 시스템을 구축했다. 서울에는 지사를 냈다.

대기업이 보기에는 구멍가게인지 몰라도, 내게는 13년 이상 각고의 정성과 열정을 바친 자식이다. 철강회사로서 어디에 내놓아도 손색이 없다고 자부한다.

인생도 경영도 교과서에 나온 대로 되는 것은 없었다. '경영'에 대해 기가 막힌 방법을 한 수 배울 수 있을까 하여 이런저런 대학원을 다니며 강의실을 기울였지만, 어느 교수님도 사기당하지 않는 법을 가르쳐 주지는 않았다.

교과서는 분명히 인생이나 경영에 하나의 원칙을 제시한다. 그러나 세상이 교과서대로 움직여 주지 않는다는 것을 알아야 한다. 반듯하게 회사를 운영하여 돈을 버는 것이 그래서 힘든 것이다.

경영이 교과서대로 되지 않는다고 해서 아무렇게나 할 수도 없고,

그렇다고 모든 것을 다 경험해 보고 움직이기에는 시간이 너무 없으니 고민일 수밖에 없다. 하지만 주변에 조언을 해줄 수 있는 훌륭한 사람을 많이 두고 좋은 책을 읽는다면, 이런 문제를 어느 정도 해결할 수 있지 않을까 싶다.

회사를 경영하기 위해서는 필요한 사람들을 직원으로 채용하기도 하겠지만, 의사 결정이 어려울 때 사심 없이 의논할 사람이 주변에 있다면 더없이 힘이 될 것이다. 회사 일과 전혀 무관한 사람이라면 더욱 좋다. 때로는 완전히 다른 세계에 사는 사람의 판단이 객관적일 수 있기 때문이다.

앞으로도 힘이 남아 있는 한 회사 경영은 계속할 것이다. 회사는 나의 전부이다. 생명이다. 회사에 와야 살아 있다는 것을 느낀다.

우리나라에도 이제 이름만 대면 사람들이 알아주는 여성 경영자들이 많아졌다. 그들도 엄청나게 힘이 들었을 것이다. 여성이 경영을 한다는 자체가 힘든 사회 구조에서 견디기가 힘들었을 것이다. 나도 힘들었다.

나의 자부심은 자수성가(自手成家)했다는 데에서 온다. 그리고 프로 정신에서 온다.

부모의 사업이나 남편의 사업을 물려받은 것이 아니다. 내가 땀 흘려 일군 것이다. 온갖 어려움을 이겨내고 땀 흘려 일으킨 것이다.

아직도 여자는 살림이나 해야 한다고 말하는 세상이다. 사업을 해도 여자들이 하는 사업이 따로 있다나…….

하지만 여성들 스스로도 달라져야 한다. 아직도 밥을 먹고 나서 꼭 남자가 돈을 내야 한다고 생각한다면 경영자가 될 수 없다. 여성이라는 생각 자체를 버려야 한다. 사업가일 뿐이다.

늦게 대학을 졸업했다. 회사가 잘 되고, 혹시 시간적 여유가 좀 생기면 공부를 더하고 싶다. 그리고 나이가 더 들면 '하루만 살 것처럼 뛰어다니고, 천년을 살 것처럼 일을 하던' 자수성가의 과정을 후배들에게 전하고 싶다.

'인생도, 경영도 교과서와는 다르다'는 얘기도 함께…….

2019년 4월

경영은 교과서가 아니다

발행일 초판 2019년 4월 10일
초판 2쇄 2019년 5월 21일

저자와의 협의 하에 인지를 생략함

지은이 김기배
펴낸이 최재범
펴낸곳 도서출판 탐진
등록 1-996호(倫). 1990.1.12.
서울특별시 마포구 신수로 27-1
Tel. 715-1092~3 / Fax. 701-6391
E-mail. tamjin1990@hanmail.net
Homepage. www.tamjin.co.kr

ISBN 978-89-5540-577-4 93320 정가 12,000원